한국인의 소울 푸드

100가지 우리음식 레시피

한국인의 소울푸드: 100가지 우리음식 레시피

Copyright © 2014
by Yoon Sook-ja

All rights reserved.

First published in 2014
Second printing, 2015
by Hollym International Corp., USA
Phone 908 353 1655 **Fax** 908 353 0255
http://www.hollym.com **e-Mail** contact@hollym.com

☐ Hollym

Published simultaneously in Korea
by Hollym Corp., Publishers, Seoul, Korea
Phone +82 2 734 5087 **Fax** +82 2 730 5149
http://www.hollym.co.kr **e-Mail** info@hollym.co.kr

ISBN: 978-1-56591-457-5

Printed in Korea

Korean Soul Food

한국인의 소울 푸드

100가지 우리음식 레시피

윤숙자 지음

Hollym

한국인의 소울 푸드

우리나라는 수천 년의 역사와 함께 발전해 온 우수한 음식 문화를 갖고 있습니다. 예로 부터 우리 선조들은 제철에 나오는 재료를 가지고 때와 시절에 맞추어 몸에 유익한 음 식을 만들어 이웃과 서로 나누어 먹음으로써 영양을 보충하고 상부상조하는 공동체 생 활을 다져 왔습니다.

우리나라는 사계절이 뚜렷하고 삼면이 바다로 둘러싸인 지리적 특성으로 인해 농수산 물이 풍부해 다양한 식재료를 이용한 조리법이 발달하였습니다. 이로 인해 우리의 전 통음식은 계절과 지방의 독특한 색채가 잘 어우러져 있으며, 음식 재료의 조화와 식품 의 배합이 합리적으로 이루어진 과학적인 음식으로 평가받고 있습니다. 또한 최근 건강 식으로 주목받고 있는 장류 · 김치류 · 젓갈류 등의 발효식품의 개발과 식품저장 기술도 일찍부터 발전되어 왔습니다.

최근 아시아권을 중심으로 한국 영화와 드라마 K-pop 등을 통한 한류 열풍이 고조되면 서 한국 음식과 문화에 대한 관심이 매우 빠르게 증가하고 있습니다. 2009년 뉴욕 본부 에서 열린 제4회 한국 음식 축제에서는 각국 대사와 외교관, 언론으로부터 한국 음식의 아름다움과 우수성에 대해서 격찬을 받은 바 있습니다. 그동안 프랑스 · 독일 · 일본 · 중국 · 미국 등 세계 여러 나라에서 개최된 한국 음식 전시회에서도 그 어느 때보다 높 아진 우리 음식과 문화의 위상을 확인할 수 있었습니다. 이러한 때에 정부와 업계, 학계 와 연구기관들이 뜻을 모아 한국 음식의 세계화를 위한 준비를 철저히 한다면 우리 음 식의 세계 진출은 충분한 가능성이 있으리라 확신합니다.

이 책은 약간, 적당량, 적당히 등으로 표현된 한국음식 조리법을 세계 공용의 기준인 단위계 즉 (분) 등의 표준화된 조리법으로 표기하여 전 세계의 어느 누가 조리를 하더라도 동일한 맛이 나도록 하였으며, 한국음식에 입문하는 초보자들도 쉽게 따라 할 수 있도록 하였습니다.

이 책이 나오도록 함께 수고하신 (사)한국전통음식연구소 이명숙 원장님과 연구원들, 출판을 해주신 한림출판사 임상백 사장님과 출판을 총괄하신 박찬수 이사님께 깊은 감사를 드립니다.

2014년 5월에

(사)한국전통음식연구소장

윤 숙 자

목차

1장

한국 음식의 재료

한국 음식의 재료

재료
———

곡류

쌀은 한국의 대표적인 곡류로 주식인 밥의 재료이며 죽·떡·한과 등에도 이용한다. 밀은 가루로 하여 국수를 만들어서 경사스러운 때에 사용하였다. 보리는 밥으로 하는 것 외에 밀과 함께 여러 가지 가공 식품으로 이용하며 메밀은 가루로 하여 국수·만두·묵·과자 등을 만들기도 한다. 그 외 조·기장·수수 등도 밥·죽·떡·과자 등을 만드는 데 이용한다.

두류

두류에는 지방이 많고 탄수화물이 적은 대두콩 등이 있고 지방질이 적고 탄수화물이 많은 팥·녹두·완두콩 등이 있다. 두류는 쌀과 섞어 떡이나 밥·죽을 만들고 콩나물·숙주나물과 같은 나물로 키울 수 있고 간장·된장 등 발효 식품의 원재료로 사용한다.

서류

서류는 감자·고구마 등으로 전분 함량이 높고 당분이 많이 함유되어 주식 대용이나 떡·부침 등에 이용하고 전분 제조 등의 가공품에 널리 이용한다.

채소류

채소류는 사계절을 통한 각종의 신선한 채소가 있어 국·김치·생채·나물·장아찌 등의 재료로 사용하며 비타민·무기질·섬유소 등의 공급원으로 중요하다.

버섯류

우리나라에서 많이 먹는 버섯류에는 송이버섯·표고버섯·느타리버섯·석이버섯·목이버섯·팽이버섯 등이 있다. 표고버섯은 맛과 향이 좋아 조림·찜·전·볶음 등에 많이 이용되며 석이버섯은 고명으로 많이 이용된다.

어패류

우리나라는 삼면이 바다로 둘러싸여 많은 종류의 어패류를 식품 재료로 이용한다. 주로 도미·가자미·조기 등의 흰살 생선과 고등어 등의 붉은살 생선, 그리고 전복·홍합·오징어·모시조개·굴·꽃게 등 다양하며 조림·초·국·구이·찜 등으로 이용한다.

곡류와 두류

멥쌀   찹쌀   현미   흑미

밀   보리   메밀   조

기장   수수   팥   녹두

대두   서리태   완두콩   강낭콩

풋콩   동부   거피녹두   거피팥

해조류 김 · 미역 · 다시마 · 톳 · 파래 등의 해조류는 국 · 튀각 · 무침 등의 음식 재료로 널리 이용하여 왔다. 해조류는 칼로리가 낮고 무기질이 풍부하여 건강 식품으로 주목받고 있다.

육류 우리나라는 수조육류(獸鳥肉類)를 이용한 구이 · 찜 · 포 등의 고기 요리가 발달되었다. 쇠고기는 소의 연령 · 성별 · 운동량 · 부위 · 숙성 정도 등에 따라 부드럽기와 맛에 차이가 있으므로 조리 방법이나 목적에 따라 적절한 선택을 해야 한다. 구이나 볶음에는 안심이나 등심 부위를 이용하고 국이나 탕 · 조림에는 양지머리 · 사태 · 도가니 · 꼬리 · 다리 등을 이용한다. 찜과 조림에는 우둔 · 사태 · 갈비 등을 이용하고 육회나 포 · 장조림에는 우둔살이 적합하다. 돼지고기는 쇠고기보다 육질의 정도가 연하며 부위에 따라 지방의 분포가 다르므로 쇠고기와는 달리 구이로 많이 이용한다. 닭고기는 지방이 거의 없고 육질이 부드러우므로 구이 · 볶음 · 찜 등으로 조리하거나 국을 끓여 먹는다.

알류 알류에는 달걀 · 메추리알 등이 있으며 완숙란 · 찜 등 달걀 자체를 조리하여 먹거나 전유어를 부칠 때 겉에 씌우는 재료로 사용하기도 한다. 그리고 황백으로 지단을 부쳐 고명으로도 사용한다.

과일류 사과 · 배 · 복숭아 · 딸기 등의 생과일은 화채로 먹거나 술과 식초로 담가 먹기도 하고 곶감이나 대추처럼 말려서 사용하기도 한다. 밤 · 호두 · 은행 · 잣 등의 견과류는 강정 등의 한과나 찜 · 구절판 · 신선로 · 차 등의 고명으로 많이 사용한다.

양념

양념은 음식의 향을 돋우거나 잡맛을 제거하여 음식의 맛과 풍미를 더욱 향상시키고, 음식의 저장 기간을 연장시킨다. 한자로는 '藥念'이라고 표기하며, 이는 '약이 되도록 염두에 둔다'는 뜻으로 우리나라 음식은 양념의 선택과 사용량에 따라 음식의 맛이 크게 좌우된다고 할 수 있다. 양념은 소금 · 젓갈 · 간장 · 된장 등의 짠맛과 설탕 · 물엿 · 꿀 등의 단맛, 식초의 신맛, 고춧가루 · 고추장 · 후추 등의 매운맛을 내는 조미료의 종류와 깨소금 · 참기름 · 파 · 생강 · 겨자 등과 같이 독특한 향기 · 색깔 · 매운맛을 내는 향신료의 종류가 있다.

소금

소금은 짠맛을 내는 기본 조미료이며 입자 크기에 따라 호렴 · 재염 · 식탁염으로 구분한다. 호렴은 천일염 또는 굵은 소금이라 하며 주로 김치류 · 장류를 만들 때 사용하거나 생선을 절일 때 사용한다. 재염은 고운소금으로 일명 꽃소금이라 하며 색깔이 희고 깨끗하여 일반적으로 음식의 간을 맞출 때 사용한다. 식탁염은 입자가 가장 고운 것으로 식탁에서 간을 맞추는 데 사용한다.

간장

간장은 '짜다'는 뜻이 있으며 콩을 발효시켜 만든 것으로 음식에 짠맛과 감칠맛을 주거나 색을 낼 때 사용한다. 간장은 조리 방법에 따라 다르게 사용해야 한다. 국 · 찌개 · 나물을 만들 때는 청장(국간장)으로 간을 하고, 조림 · 포 · 초 · 육류 등의 양념에는 간장(진간장)을 사용한다. 전유어나 적 종류의 음식에는 양념간장이나 초간장을 곁들여 낸다.

된장

된장은 '되다'의 뜻으로 간장을 떠내고 남은 건더기를 숙성시켜 만든 것이다. 된장은 주로 토장국의 맛을 내는 데 쓰이고 상추쌈이나 호박쌈에 곁들이는 쌈장과 나물 · 장떡의 재료가 된다.

고추장

고추장은 찌개나 국 · 볶음 · 생채 · 구이 · 나물무침 등에 사용되고 볶아서 약고추장으로 만들어 먹는다. 또한 초고추장이나 양념 고추장을 만들어 회나 비빔국수에 곁들여 먹기도 한다.

양념류

소금   굵은소금   진간장   청장

된장   고추장   다진파   다진마늘

다진생강   고춧가루   후춧가루   흰후춧가루

겨자가루   계피가루   참기름   들기름

콩기름   깨소금   설탕   조청

꿀   물엿   식초   산초

파	파는 고기의 누린내나 생선의 비린내를 제거하고 독특한 향취로 음식의 맛을 향상시켜 준다. 일반적으로 대파·중파·실파·쪽파 등을 많이 이용하고 있으며 대파는 양념으로 주로 이용하고 중파는 송송 썰어서 설렁탕·곰탕·해장국에 넣거나 대파를 대신하여 사용하고 실파와 쪽파는 김치·국 등에 이용한다.
마늘	마늘의 매운맛 성분에는 알리신(allicin)이라는 휘발성 물질이 들어 있어 육류의 누린 냄새와 생선류의 비린 냄새, 채소의 풋냄새를 가시게 할 뿐만 아니라 김치에 없어서는 안되는 조미료 중의 하나이다. 마늘은 곱게 다져서 양념으로 사용하고, 향신료나 고명으로 사용할 때는 통째로 쓰거나 얇게 저며서 쓰고, 곱게 채 썰어 사용한다.
생강	생강은 특유의 향과 매운맛이 강해 생선의 비린내와 돼지고기나 닭고기의 누린내를 없애고 맛을 향상시키는 역할을 한다. 양념으로 사용할 때에는 곱게 다지거나 편이나 채로 썰어 사용하며 즙을 내어 사용하기도 한다.
고춧가루	홍고추를 건조시켜 분쇄하여 가루로 만든 것으로 입자에 따라 굵은 고춧가루, 중간 고춧가루, 고운 고춧가루로 분류되며 매운맛의 정도에 따라 매운맛, 약간 매운맛, 중간맛, 순한맛으로 분류된다. 굵은 고춧가루는 김치에 이용하고 중간 고춧가루는 김치나 양념으로 이용하며 고운 고춧가루는 고추장이나 생채 등의 음식에 사용한다.
후춧가루	후추는 자극적인 맛과 향기로 고기나 생선의 누린내와 비린내를 없애 주며 자극제로서 식욕을 돋구어 준다. 검은 후춧가루는 색이 검고 매운맛이 강해서 육류 음식에 사용하고 흰 후춧가루는 색이 희고 향미가 부드러워 생선 요리에 사용한다. 통후추는 배숙이나 육수·탕을 끓일 때 사용한다.
겨자	겨자는 씨를 가루로 만든 것으로 미로시나제(myrosi-nase)라는 효소가 있어 40℃의 따뜻한 물에 개어 발효시키면 특유의 향과 매운맛을 낸다. 소금·설탕·식초를 넣고 겨자 소스를 만들어 겨자채나 냉채에 사용한다.

계피	계피는 특유의 향기를 가지고 있어 음식의 향을 좋게 하고 가루로 만들어 육류의 누린내를 제거한다. 또한 수정과·떡·한과 등에 넣어 향과 색을 내는 데 이용한다.
기름	참기름과 들기름·콩기름이 있으며 참기름과 들기름은 특유의 고소한 향으로 식욕을 증진시키고 음식에 넣으면 매끄럽고 부드러운 질감과 맛을 준다. 또한 고기를 구울 때 고기의 수분이 유출되지 않도록 해 준다.
깨소금	참깨를 물에 깨끗이 씻고 일어 건져서 고루 볶은 후 뜨거울 때 분마기에 넣고 빻은 것으로 소금을 조금 넣어 주기도 한다. 고소한 맛과 향을 내므로 나물·찜·조림 등 모든 음식에 고루 이용한다.
설탕, 조청, 꿀, 물엿	설탕과 조청·꿀·물엿은 음식에 이용하면 단맛과 향·색을 부여하고 오랫동안 촉촉함을 지속시켜 부드러운 질감을 주며 음식의 접착제 역할을 한다. 따라서 음식에 단맛을 내는 조미료로 이용되며 강정·정과·유밀과 등의 한과를 만들 때 사용한다.
식초	식초는 곡물이나 과일을 발효시켜서 만든 것으로 음식의 신맛을 낸다. 식초는 조미료로서 청량감을 주고 식욕을 증가시키며 소화 흡수를 돕는다. 또한 생선의 비린내를 없애 주고 생선의 살을 단단하게 하며 방부 작용을 한다.
산초	산초는 가루로 만들어 추어탕이나 개장국 등의 비린내나 누린내를 제거하고 기름기를 없애는 데 사용한다.
젓갈	어패류에 소금을 넣어 숙성시킨 것을 말하며 단백질을 섭취할 수 있는 중요한 반찬 중 하나이다. 젓갈은 짠맛과 단맛, 감칠맛이 어우러져 독특한 맛과 풍미가 있으므로 김치에 넣거나 밥반찬으로 사용한다.

계량(계량기구/계량법)

계량기구

저울

저울은 중량(무게)을 측정하는 기구로 g, kg으로 나타낸다. 저울을 사용할 때는 평평한 곳에 수평으로 놓고 바늘을 '0'에 고정해야 한다.

조리용 시계

조리 시간을 측정할 때는 스톱워치(stop watch)나 타이머(timer)를 사용한다.

계량스푼

계량스푼은 양념 등의 부피를 측정하는 데 사용되며 큰술(Table spoon, Ts), 작은술(tea spoon, ts) 두 종류가 있다.

계량컵

계량컵은 부피를 측정하는 데 사용된다. 미국 등 외국에서는 1컵을 240㎖로 하고 있으나 우리나라의 경우 1컵을 200㎖로 사용한다.

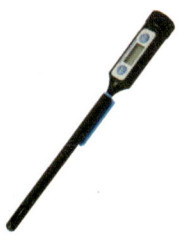

온도계

온도계는 조리 온도를 측정하는 데 사용한다. 일반적으로 주방용 온도계는 비접촉식으로 표면 온도를 잴 수 있는 적외선 온도계를 사용하며 기름이나 당액 같은 액체의 온도를 잴 때에는 200~300℃의 봉상 액체 온도계, 육류는 탐침하여 육류의 내부 온도를 측정할 수 있는 육류용 온도계를 사용한다.

계량법

가루 상태의 식품

가루 상태의 식품은 덩어리가 없는 상태에서 누르지 말고 수북히 담아 편편한 것으로 고르게 밀어 표면이 평면이 되도록 깎아서 계량하도록 한다.

고체 식품

된장이나 다진 고기 등의 고체 식품은 계량컵이나 계량스푼에 빈 공간이 없도록 채워서 표면을 평면이 되도록 깎아서 계량한다.

농도가 있는 양념

고추장 등의 농도가 있는 식품은 계량컵이나 계량스푼에 꾹꾹 눌러 담아 편편한 것으로 고르게 밀어 표면이 평면이 되도록 깎아서 계량한다.

알갱이 상태의 식품

쌀 · 팥 · 통후추 · 깨 등의 알갱이 상태의 식품은 계량컵이나 계량스푼에 가득 담아 살짝 흔들어서 표면이 평면이 되도록 깎아서 계량한다.

액체 식품

기름 · 간장 · 물 · 식초 등의 액체 식품은 투명한 용기를 사용하며 표면장력이 있으므로 계량컵이나 계량스푼에 가득 채워서 계량하거나 정확성을 기하기 위해 계량컵의 눈금과 액체의 메니스커스(meniscus)의 밑선이 동일하게 맞도록 읽어야 한다.

계량단위

1컵 = 1Cup = 1C = 약 13큰술 + 1작은술 = 물 200ml = 물 200g

1큰술 = 1Table spoon = 1Ts = 3작은술 = 물 15ml = 물 15g

1작은술 = 1Tea spoon = 1ts = 물 5ml = 물 5g

기본 썰기

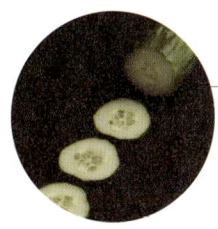

둥글썰기

오이 · 당근 · 연근 · 호박 등의 채소를 원하는 두께로 통째로 써는 방법이다. 이 방법은 재료와 용도에 따라 두께를 조절하며 국 · 조림 · 절임 등에 주로 이용된다.

반달썰기

무 · 감자 · 당근 · 호박 등을 길이로 반을 가른 후 원하는 두께로 반달 모양으로 써는 방법이다.

은행잎썰기

감자 · 당근 · 무 등의 재료를 길이로 십자 모양으로 4등분 하여 원하는 두께로 은행잎 모양으로 써는 방법이다. 주로 찌개나 조림 등에 이용된다.

얄팍썰기

재료를 원하는 길이로 자른 후 그대로 얄팍하게 썰거나 원하는 두께로 고르게 얇게 써는 방법이다. 주로 볶음이나 무침 등에 이용된다.

어슷썰기

오이 · 당근 · 파 등 가늘고 길쭉한 재료를 칼을 옆으로 비껴 적당한 두께로 어슷하게 써는 방법으로 주로 볶음 · 찌개 등에 이용된다.

골패썰기

골패썰기는 무 · 당근 등의 둥근 재료를 원하는 길이로 토막 낸 후 가장자리를 잘라 직사각형으로 납작납작하게 써는 방법이다.

나박썰기

나박썰기는 골패썰기와 같이
무·당근 등의 둥근 재료를
원하는 길이로 토막 내어 가장
자리를 잘라 가로·세로가
비슷한 사각형으로 반듯하고
얇게 써는 방법이다.

깍둑썰기

무·감자 등을 가로·세로·
두께 모두 2cm 정도의 같은
크기로 주사위처럼 써는
방법이다. 주로 깍두기·
찌개·조림 등에 이용된다.

채썰기

무·감자·오이·호박 등을
얄팍썰기하여 이를 비스듬히
포개어 놓고 손으로 살짝
누르면서 가늘게 채 써는
방법이다. 주로 생채·구절판·
무채 등에 이용된다.

다져썰기

다져썰기는 채썰기를
가지런히 모아 잘게 써는
방법이다. 주로 파·마늘 등을
다져서 양념을 만드는 데
이용되며 크기는 일정하게
써는 것이 좋다.

막대썰기

무·오이 등의 재료를 원하는
길이로 토막 낸 다음, 적당한
굵기의 막대 모양으로 써는
방법으로 산적이나 숙장과를
만들 때 사용한다.

마구썰기

오이 · 당근 등 비교적 가늘고
긴 재료를, 한 손으로 빙빙
돌려 가며 한 입 크기로 작고
각이 있게 써는 방법이다.
주로 채소의 조림에 이용된다.

깎아썰기

우엉 등의 재료를 연필
깎듯이 돌려 가면서 얇게
써는데, 칼날의 끝 부분을
이용한다.

돌려깎기

오이 등을 길이 5cm 정도로
토막을 낸 뒤 껍질을 깎듯이
얄팍하게 돌려 가며 깎는다.

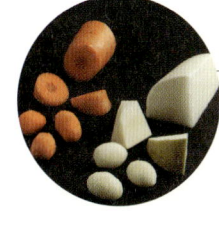

도려내어썰기

감자 · 당근 등 각이 지게
썰어진 재료의 모서리를 얇게
도려 내어 둥글게 만드는 방법
으로, 오랫동안 끓이거나
조려도 재료의 모양이 뭉그러
지지 않아서 조리 후에
음식이 보기 좋게 된다.

솔방울썰기

오징어를 볶거나 데쳐서 회로
낼 때 큼직하게 모양 내어 써는
방법이다. 반드시 오징어 안쪽에
사선으로 칼집을 넣고 다시
엇갈려 비스듬히 칼집을 넣은
다음 끓는 물에 넣어 살짝 데쳐서
모양을 낸다.

기본 양념 만들기

겨자즙 만들기

겨자즙은 생채나 숙채에 곁들이는 양념장으로, 겨잣가루에 40℃의 따뜻한 물을 ⅔의 비율로 넣고 섞어 상온에 한시간 정도 두거나, 김이 오른 냄비 위에 엎어 10분 정도 발효시켜 사용한다. 겨자는 발효하여 양념한 후 구절판·겨자채·각종 양념장에 사용하는데, 그냥 사용하는 것보다 발효시켜 사용하는 겨자가 훨씬 매콤하다.

간장 양념 만들기

쇠고기 양념에 사용되는 간장 양념은, 쇠고기 300g 기준일 때 간장 2큰술(36g), 설탕 1큰술(12g), 다진 파 1큰술(14g), 다진 마늘 1큰술(16g), 깨소금 ⅓큰술(3g), 후춧가루 0.5g(⅓작은술), 참기름 1큰술(13g)을 넣고 고루 섞어 만든다. 배즙과 양파즙을 넣기도 한다(불고기 양념 기준).

초간장 만들기

초간장은 전류 또는 부침류 등에 곁들이는 양념장으로 간장 1큰술(18g)과 식초 1큰술(15g), 물 1큰술(15g)을 넣고 고루 섞어 만든다.

초고추장 만들기

초고추장은 주로 회를 먹을 때 곁들이는 양념장으로 고추장 2큰술(38g)과 식초 1큰술(15g), 설탕 ½큰술(6g)을 넣고 고루 섞어 만든다.

약식 소스 만들기

냄비에 설탕 2큰술(24g)을 넣고 중불에 3분 정도 올려 설탕이 녹으면 식용유 1작은술(4g)을 두르고 설탕이 녹아 갈색물이 생기면 녹말물(녹말가루 ½큰술(2g), 더운 물 3큰술(45g)을 넣고 잘 저어 1분 정도 끓여 약식 소스를 만든다.

강정 시럽 만들기

냄비에 물 1작은술(5g), 설탕 1큰술(12g), 물엿 1½큰술(28.5g)을 넣고, 중불에 올려 1분 정도 끓여 시럽을 만든다.

고명 만들기

달걀지단 만들기

1. 달걀을 깨서 흰자와 노른자로 나누어 소금을 뿌려서 간을 한다.

2. 흰자는 알끈을 떼고, 거품이 일어나지 않도록 잘 저어 체에 내린다.

3. 팬을 달구어 기름을 두르고 약불에서 황 · 백의 달걀을 각각 넣고 원하는 두께로 황백지단을 부친다.

4. 부쳐진 지단은 골패형, 마름모꼴, 채썰기 등 다양하게 썰어 고명으로 이용한다.

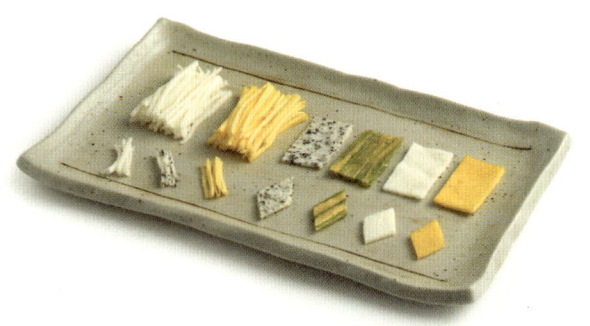

미나리초대 만들기

1. 달걀을 깨서 소금으로 간을 한 후 거품이 일어나지 않도록 잘 저어 체에 내린다.

2. 미나리는 잎을 떼어 내고 줄기 부분만 길이 10cm 정도로 잘라 꼬치로 양 끝을 꿰어 고정한다.

3. 미나리에 밀가루와 달걀물을 씌운 후 팬을 달구어 기름을 두르고 약불에서 지진다.

4. 부쳐진 초대는 골패형, 마름모꼴 등으로 다양하게 썰어 고명으로 이용한다.

고기 완자 만들기

1. 쇠고기는 살코기로 골라서 핏물을 닦고 곱게 다진다.

2. 두부는 물기를 닦고 곱게 으깬다.

3. 두부에 쇠고기를 넣고 소금 · 파 · 마늘 · 참기름 · 후춧가루 · 깨소금으로 갖은 양념하여 고르게 섞는다.

4. 양념한 고기를 지름 1.5cm로 빚어서 밀가루와 달걀물을 씌운다.

5. 팬이 달구어지면 기름을 두르고 약불에서 타지 않게 굴려 가며 익힌다.

버섯 고명 만들기

1. 표고버섯 · 석이버섯 · 목이버섯은 물에 1시간 정도 불린다.

2. 표고버섯 : 기둥을 떼고 얇게 저미며 채 썰어 양념한 다음 팬을 달구어 기름을 두르고 약불에 볶아서 사용한다. 또는 은행잎 모양 · 골패형 · 마름모꼴로 썰어 고명으로 사용한다.

3. 석이버섯 : 이끼를 깨끗이 비벼 씻은 후 배꼽을 떼고 돌돌 말아서 곱게 채 썰어 소금 참기름으로 양념한다. 팬을 달구어 기름을 두른 후 약불에 살짝 볶는다. 또는 곱게 다져 달걀흰자에 섞어 지단을 부친 다음 골패형으로 썰어 고명으로 사용한다.

4. 목이버섯 : 먹기 좋게 3~4등분으로 찢은 후 양념하여 볶는다.

채소 고명 만들기

1. 청 · 홍고추 : 어슷썰거나 길이로 반을 잘라 씨를 빼고 채 썰거나 골패형 · 마름모꼴 · 어슷썰어 고명으로 사용한다.

2. 건홍고추 : 씨를 털어 내고 어슷썰거나 곱게 채 썰어 실고추를 만들어 고명으로 사용한다.

3. 오이 · 호박 : 소금으로 비벼 씻은 후 길이로 잘라 껍질만 돌려깎아 채 썬 다음 소금에 절인 후 볶아서 사용한다. 또는 골패형 · 마름모꼴로 썰어 고명으로 사용한다.

4. 실파 : 뿌리를 자른 후 겉잎을 벗겨 내어 깨끗이 씻은 후 송송 썰거나 길이로 잘라 사용한다.

견과류 고명 만들기

1. 밤 : 겉껍질과 속껍질을 벗긴 후 저며 썰거나 곱게 채 썰어 고명으로 사용한다.

2. 은행 : 팬을 달구어 기름을 두른 후 은행을 넣고 볶아 뜨거울 때 마른 면보나 종이 타월로 비벼 껍질을 벗긴 후 고명으로 사용한다.

3. 호두 : 따뜻한 물에 담궈 불린 후 꼬치로 속껍질을 벗겨 고명으로 사용한다.

4. 호박씨 : 젖은 면보로 닦은 후 통으로 사용하거나 반으로 갈라 사용한다.

5. 대추 : 젖은 면보로 닦은 후 살만 돌려 깎아 밀대로 밀어 편 후 채 썰거나 돌돌 말아 꽃모양을 내는 등 다양하게 모양내어 고명으로 사용한다.

6. 잣 : 면보로 닦은 후 고깔을 떼고 통잣 그대로 사용하거나 길이로 반을 갈라 비늘잣으로 사용한다. 또는 가루를 만들어 잣가루로도 사용한다.

밤 은행 호두 호박씨 대추 잣

2장

정성을 담은 한 그릇을 대접하다

———

손님 초대 상차림

쇠갈비찜

쇠갈비찜은 쇠갈비에 무나 표고버섯 등의 채소를 넣고 갖은 양념을 하여 찐 음식이다.

우리나라의 대표적인 음식 중 하나로 남녀노소 누구나 좋아하는 음식이다.

찜은 가장 일반적인 조리 형태로써 재료를 큼직하게 썰어 양념하여 물을 붓고 뭉근히 끓이거나

쪄내는 음식으로, 다른 조리법에 비해 맛이 좋고 모양도 흐트러지지 않으며,

부재료가 많이 들어가 영양적으로도 우수한 조리법이다.

재료 및 분량

쇠갈비 400g, 튀하는 물 3컵(600g)

물 4컵(800g)

양념장
간장 2큰술(36g), 설탕 1큰술(12g),
배즙 50g(배100g), 꿀 1작은술(6g),
청주 1작은술(5g), 다진 파 1큰술(14g),
다진 마늘 ½큰술(8g), 깨소금 ½큰술(3g),
후춧가루 ⅛작은술(0.3g),
참기름 1큰술(13g)

표고버섯 2장(10g), 무 100g,
당근 ⅓개(70g)

밤 4개(60g), 대추 4개(16g),
은행 8개(16g), 잣 1작은술(3.5g)

달걀 1개(60g), 식용유 1큰술(13g),
참기름 1큰술(13g)

Tip

• 갈비찜을 할 때는 중불에서
  서서히 익혀야 맛이 잘 우러나오고
  갈비가 부드럽다.

• 갈비찜을 윤기 나게 하려면
  고기가 익은 후 뚜껑을 열고 양념장을
  끼얹으며 완성한다.

• 갈비찜의 갈비는 생갈비로 양념해서
  만드는 것보다 한번 튀해서 삶아
  쓰는 것이 누린내도 없고 기름기도
  제거되어 좋다.

만드는 법

1 쇠갈비는 길이 5cm 정도로 잘라서 물에 담가 물을 갈아주면서 3시간 정도 핏물을 뺀 다음 힘줄과 기름기를 떼어 내고 폭 1.5cm 정도 간격으로 칼집을 넣는다.

2 냄비에 튀하는 물을 붓고, 끓으면 쇠갈비를 넣고, 5분 정도 튀해서 건진다. 냄비에 쇠갈비와 물을 붓고 끓으면 중불로 낮추어 20분 정도 더 끓인다. 갈비는 건지고 국물은 식혀서 걸러 육수를 만든다. 양념장을 만든다.

3 표고버섯은 물에 불려 기둥을 떼고 물기를 닦아 2~4등분으로 썰고, 무와 당근은 손질하여 깨끗이 씻은 후 가로·세로 3cm, 두께 2.5cm 정도로 썰어 모서리를 다듬는다.

4 밤은 껍질을 벗기고 대추는 돌려 깎아 말아준다. 팬을 달구어 은행을 볶아서 껍질을 벗기고 잣은 고깔을 뗀다. 달걀은 황백지단을 부쳐 마름모꼴로 썬다.

5 냄비에 쇠갈비와 양념장 ⅓량을 넣고, 10분 정도 두었다가 육수를 붓고, 끓으면 중불로 낮추어 20분 정도 더 끓인다. 표고버섯과 무·밤·당근을 넣고 나머지 양념장을 넣어 20분 정도 더 끓인다.

6 대추와 은행, 잣을 넣고 국물을 끼얹으며 윤기나게 더 조린다. 무는 건져 내고 참기름을 넣고 고루 섞어 그릇에 담고 황백지단을 얹는다.

쇠갈비구이

쇠갈비구이는 쇠갈비에 간장으로 양념하여 숯불에 구운 음식이다.
우리나라 사람들이 제일 좋아하는 음식 중 하나로 미리 조미해 둔 고기를 꼬챙이에 끼워
숯불에 구워 먹는 맥적(貊炙)에서 그 유래를 찾아 볼 수 있다.
중국 진나라 시대의 『수신기(搜神記)』에 '맥적은 다른 민족의 음식인데
옛날부터 중국 사람들이 몹시 좋아하여 중요한 잔치에 먼저 내놓는다.'고 하여
우리나라의 맥적이 중국까지 알려진 것으로 보인다.

쇠갈비(뼈 포함) 4대(660g)

양념
배즙 40g(배 80g), 청주 1큰술(15g)

양념장
간장 2큰술(36g), 설탕 1큰술(12g),
양파즙 15g(양파 50g), 꿀 ½큰술(9.5g),
다진 파 1큰술(14g), 다진 마늘 ½술(8g),
깨소금 ½큰술(3g),
후춧가루 ⅛작은술(0.3g),
참기름 1큰술(13g)

식용유 1큰술(13g)
잣 1큰술(10g)

Tip

• 갈비는 핏물을 빼고 살짝 얼었을 때
  포를 떠야 얇게 뜰 수 있다.
• 화력이 너무 약하면, 고기의 육즙이
  흘러나와 맛이 없어지므로,
  중불 이상에서 굽는다.
• 숯불에 구우면 더 맛있다.

만드는 법

1 쇠갈비는 길이로 6cm 정도 잘라 뼈에 붙은 기름과 힘줄을 떼어 내고 갈비가 잠기도록 물을 붓고 물을 갈아주면서 1시간 정도 핏물을 뺀다.

2 갈비뼈 끝 부분의 살이 떨어지지 않도록 두께 0.5cm 정도로 포를 떠서 앞뒷면에 잔칼집을 넣는다.

3 양념과 양념장을 만든다. 잣은 고깔을 떼고 면보로 닦아 곱게 다져서 잣가루를 만든다.

4 쇠갈비에 준비한 양념을 넣고 10분 정도 재운다.

5 쇠갈비에 준비한 양념장을 넣고 간이 충분히 배도록 주물러 1시간 정도 재운다.

6 불에 석쇠를 달구어 식용유를 바르고 갈비를 얹어 앞뒷면을 굽는다. 갈비에 남은 양념장을 덧발라가면서 더 구운 후 그릇에 담고 잣가루를 뿌린다.

너비아니

너비아니는 쇠고기를 얇게 저며 썰어 간장 양념을 하여 불에 구운 음식이다.
'너비아니'란 말은 쇠고기를 너붓너붓하게 썰었다하여 붙여진 이름으로 잔칼질을 많이 하여 육질이 부드럽다.
너비아니는 미리 조미해 둔 고기를 꼬챙이에 끼워 숯불에 구워 먹는 맥적에서 발전한 형태로
조선시대 궁중에서 즐겨 먹었던 음식이다. 양념없이 굽는 일반적인 육류 조리법과 달리
우리나라는 미리 간장에 양념하여 굽는 것이 특이하다.

쇠고기(등심) 600g,
배즙 70g(배140g)

양념장
간장 3큰술(54g), 설탕 1½큰술(18g),
꿀 1큰술(19g), 다진 파 2큰술(28g),
다진 마늘 1큰술(16g),
생강즙 1큰술(16g), 깨소금 1큰술(6g),
후춧가루 1/5작은술(0.5g),
참기름 1½큰술(19.5g)

잣 1작은술(3.5g),
식용유 1큰술(13g)

Tip

• 고기를 결대로 썰면 질기므로
  결 반대방향으로 썬다.
• 양념장에 너무 오래 재우면
  탈수되어 고기의 색이 검어지고
  질기므로 시간에 주의한다.
• 숯불에 구우면 더 맛있다.

만드는 법

1 쇠고기는 핏물을 닦고 기름과 힘
줄을 떼어 내어 쇠고기 결의 반대
방향으로 가로 5cm, 세로 7cm, 두께
0.5cm로 썰어 잔칼질한다.

2 손질한 쇠고기에 배즙을 넣고 10
분 정도 재운다.

3 양념장을 만들고 잣은 고깔을 떼
고 면보에 닦아 잣가루를 만든다.

4 쇠고기에 양념장을 넣고, 간이 배이
도록 주물러 30분 정도 재워 놓는다.

5 석쇠를 달구어 식용유를 바르고
양념한 쇠고기를 가지런히 얹고 높
이 15cm 정도로 올려 앞뒷면을 타지 않
게 굽는다.

6 잘 구워진 너비아니는 그릇에 담
고 위에 잣가루를 뿌린다.

양지머리편육

양지머리편육은 끓는 물에 양지머리를 넣고 푹 끓여 고기만 건져 무거운 것으로 눌러 썰어 먹는 음식이다.

양지머리는 소의 가슴살 부위를 일컬으며 편육(片肉)은 편으로 얇게 썬다고 하여 붙여진 이름이다.

주로 반상의 반찬이나 주안상, 교잣상에 올린다. 1800년대 말 조리서인 「시의전서(是議全書)」에 의하면

편육에 적당한 부위는 소에 있어서는 양지머리 · 사태 · 부아(허파) · 쇠머리 · 우설 · 우랑 · 우신 · 유통 등이 적절하다고 하였다.

특히 양지머리 가운데서도 차돌박이 부위는 맛이 좋고 보기도 좋다고 하였다.

재료 및 분량

쇠고기(양지머리) 600g,
물 10컵(2kg)

향채
파 45g, 마늘 30g

소금 ½작은술(2g)

초간장
간장 1큰술(18g), 식초 1큰술(15g),
물 1큰술(15g), 잣가루 1작은술(2g)

Tip

• 많은 양을 할 때는 고기를 실로
묶어서 삶으면 모양이 반듯하게
익는다.

• 편육을 삶을 때는 물이 끓을 때
넣어야 고기가 수축되어 육즙이
빠져나가지 않아 맛이 더 있다.

만드는 법

1 쇠고기는 1시간 정도 물에 담가
핏물을 뺀 후 가로 15cm, 세로 9cm
정도로 썬다.

2 향채는 손질하여 깨끗이 씻는다.

3 냄비에 물을 붓고 센불에서 끓으
면 쇠고기를 넣고 중불로 낮추어 1시
간 정도 삶는다.

4 떠오르는 거품은 걷어 내고 향채와
소금을 넣어 20분 정도 더 삶는다.

5 쇠고기가 익으면 건져서 면보에
싸고 무거운 것으로 1시간 정도 눌러
모양을 반듯하게 만든다.

6 편육이 반듯해지면 가로 5cm, 세
로 4cm, 두께 0.3cm 정도로 결 반대
방향으로 썰어 초간장과 함께 낸다.

대하찜

대하찜(大蝦蒸)은 대하를 양념해 찐 담백한 음식이다.

새우는 크기에 따라 대하(大蝦)·중하(中蝦)·소하(小蝦)로 나뉘는데 크기 25cm 정도의

왕새우를 대하(大蝦)라고 한다. 새우는 한방에서 신장의 기능을 강하게 하고

양기를 왕성하게 하는 강장 식품으로 알려져 있으며

양질의 단백질과 칼슘·인·요오드·철분 등의 영양분이 풍부하게 들어 있다.

새우(대) 4마리(260g),
찌는 물 5컵(1kg)

양념
청주 1큰술(15g), 소금 ¼작은술(1g),
후춧가루 ⅛작은술(0.3g)

향채
파 20g, 마늘 20g

청고추 ½개(7g), 홍고추 ½개(10g),
석이버섯 1g

달걀 1개(60g),
식용유 ½큰술(6.5g)

참기름 1큰술(13g),
꼬치 8개

Tip

• 새우에 꼬치를 꽂을 때는 꼬리부터
  머리까지 꽂아야 뒤틀리지 않는다.

• 다 된 새우찜의 꼬치는 돌리면서
  빼야 잘 빠진다.

• 대하찜을 너무 오래 찌면 색이 검게
  변하고 비틀어져서 좋지 않으니
  찌는 시간에 유의한다.

만드는 법

1 새우는 머리와 꼬리를 남기고 꼬
치를 이용해 등쪽에 있는 내장을 꺼
낸 후 물집을 떼어 내고 껍질을 벗긴다.

2 새우는 넓게 펴 잔칼집을 넣고 양
념하여 뒤틀리지 않도록 꼬리에서
머리쪽으로 꼬치를 꽂은 다음 청주와 소
금, 후추를 뿌린다.

3 향채용 파와 마늘은 손질하여 씻
고 파는 길이 5cm, 폭 0.5cm 정도
로 썰고 마늘은 두께 0.5cm 정도로 저
며 썬다.

4 청·홍고추는 씻어 길이로 반을
잘라 씨와 속을 떼어내고 그대로 채
썬다. 석이버섯은 물에 불려 비벼 씻어
가운데 돌기를 떼어 내고 채 썬다. 달걀은
황백지단을 부쳐 채 썬다.

5 찜기에 물을 붓고, 센불에서 끓으
면 향채를 깔고 새우를 넣어 5분 정
도 찐다. 찐 새우를 꺼내 꼬치를 돌려 빼
고 참기름을 바른다.

6 쪄낸 새우에 채썬 청·홍고추, 석
이버섯, 황백지단 등 고명을 얹는다.

떡찜

떡찜은 흰떡과 쇠고기·채소 등을 함께 넣고 찐 음식이다.

떡찜은 대부분의 가정에서 설날 떡국을 끓이고 남은 떡으로 만드는 음식이지만

원래는 임금님을 위한 궁중 음식이었다. 옛날 임금님들은 운동량이 적어 자주 소화 불량에 시달렸는데

이 때 주방 상궁들이 고기를 먹고도 위장에 부담이 안 가는 떡찜을 만들어 임금님께 올렸다고 한다.

떡찜의 떡은 가래떡으로 만들기 때문에 다른 찜에 비해 부드럽고 소화에 용이하다.

흰떡 300g, 유장 간장 ⅓작은술,
참기름 1작은술

쇠고기(사태) 100g, 물 4컵(800g)

다진 쇠고기(우둔) 40g

양념장①
간장 1작은술(6g), 설탕 ½작은술(2g),
다진 파 ½작은술(2.3g),
다진 마늘 ¼작은술(1.4g),
깨소금 ½작은술(1g), 후춧가루 0.1g,
참기름 1작은술(4g)

양념장②
간장 1½큰술(27g), 설탕 1큰술(12g),
다진 파 ½큰술(7g),
다진 마늘 1작은술(5.5g),
깨소금 1작은술(2g), 참기름 ½큰술(6.5g)

당근 60g, 물 2컵(400g),
소금 ¼작은술(1g)

표고버섯 1개(5g), 밤 4개(60g),
대추 4개(16g), 은행 12개(24g),
잣 1작은술(3.5g)

미나리 초대
미나리 15g, 밀가루 1작은술(2.3g),
달걀 1개(60g), 식용유 1작은술(4g)

Tip

• 단단하게 굳은 떡은 끓는 물에
 부드럽게 데쳐서 사용한다.

• 조리할 때 처음부터 떡을 넣으면
 터지므로 고기가 익은 후에
 떡을 넣는다.

만드는 법

1 흰떡은 길이 6cm 정도로 썰어 양
끝을 1cm 정도 남기고 길이로 네 군
데에 칼집을 넣어 유장으로 양념한다.

2 냄비에 쇠고기와 물을 붓고 끓으
면 중불로 낮추어 30분 정도 삶는다.
쇠고기는 건져서 가로 2cm, 세로 3cm
두께 0.7cm 정도로 썰어 양념장 ①의 ½
량으로 양념하고 국물은 식혀 면보에 걸
러 육수를 만든다.

3 다진 쇠고기는 양념장 ①의 ⅓량
을 넣고 떡소를 만든 다음 흰떡의 칼
집 사이에 찢어지지 않게 소를 잘 채워
넣는다.

4 당근은 깨끗이 씻어 큼직하게 썰
어 모서리를 다듬는다. 표고버섯은
물에 불려 기둥을 떼고 2~4등분으로 썬
다. 밤은 껍질을 벗기고 대추는 돌려 깎아
말아준다.

5 달걀로 황백지단을 부치고 미나리
로 초대를 부쳐 길이 2cm 정도의 마
름모꼴로 썬다. 양념장 ②를 만든다. 은
행은 중불에서 굴려 가며 볶아 껍질을 벗
기고, 잣은 고깔을 떼어 면보로 닦는다.

6 냄비에 양념한 쇠고기와 당근 ·
표고버섯 · 밤을 넣고 육수와 양념장
②의 ½량을 넣는다. 끓으면 흰떡과 대
추, 나머지 양념장을 넣고, 중불로 낮추어
끓인다. 은행과 잣을 넣어 그릇에 담고 황
백지단과 미나리 초대를 얹는다.

구절판

구절판(九折坂)은 아홉 칸으로 나뉘어 있는 그릇의 이름으로

각 칸에 채소·고기류 등 동·식물성 재료 여덟 가지를 색깔 맞춰 돌려 담고

가운데에는 밀전병을 담아 밀전병에 여러 가지 채를 싸서 겨자장이나 초간장에 찍어 먹는 음식이다.

구절판은 색이 화려하고 맛이 산뜻하여 주로 교잣상이나 주안상에 올리거나

나들이 음식(행찬, 行饌)으로 즐겼다.

재료 및 분량

쇠고기(우둔) 50g, 표고버섯 2장(10g)

양념장
간장 ½큰술(9g), 설탕 ½작은술(2g),
다진 파 ½작은술(2.3g),
다진 마늘 ¼작은술(1.4g),
깨소금 ½작은술(1g),
후춧가루 0.1g, 참기름 ½작은술(2g)

석이버섯 10g, 오이 ½개(100g),
당근 1/6개(30g), 소금 ⅛작은술(0.5g)

숙주 100g, 물 2컵(400g),
소금 ¼작은술(1g)

숙주양념
소금 ¼작은술(1g),
참기름 ½작은술(2g)

달걀 1개(60g), 소금 ⅛작은술(0.5g)

밀전병반죽
밀가루 8큰술(56g),
소금 ¼작은술(1g), 물 9큰술(135g)

식용유 3큰술(39g)

잣 1작은술

겨자즙
발효겨자 ½큰술(6.5g), 소금 ½작은술(2g),
설탕 1작은술(4g), 꿀 ½큰술(9.5g),
식초 1큰술(15g)

Tip

• 밀전병에서 밀가루와 물의 비율은
물이 더 많아야 얇고 부드럽다.

• 죽순이나 새우 · 해삼 · 전복 등을
사용하기도 한다.

만드는 법

1 쇠고기는 핏물을 닦고 길이
5~6cm, 폭 · 두께 0.2cm 정도로 채
썰어 양념장 ⅓량으로 양념한다.

2 표고버섯은 기둥을 떼고 폭 0.1cm
정도로 채 썰어 나머지 양념장으로
양념한다. 석이버섯은 비벼 씻어 돌기를
떼어 내고 채 썬다.

3 오이는 씻어 길이 5cm 정도로 돌
려 깎아 채 썰고 당근은 씻은 후 길
이 5cm 정도로 채 썰어 각각 소금을 넣
고 절인 후 물기를 닦는다. 숙주는 머리와
꼬리를 떼어 끓는 물에 소금을 넣고 데쳐
양념을 넣고 무친다.

4 팬을 달구어 식용유를 두르고 쇠
고기와 표고버섯을 넣어 중불에서
각각 2분 정도 볶고 석이버섯은 약불에
서 10초 정도 볶는다. 오이와 당근도 센불
에서 각각 30초 정도 볶는다. 달걀은 황백
지단을 부쳐 오이와 같은 크기로 채 썬다.

5 밀가루에 소금과 물을 붓고 잘 섞
어 체에 내린다. 팬을 달구어 식용유
를 두르고 밀전병 반죽을 떠 놓고 직경
6cm, 두께 0.2cm 정도로 둥글게 부친다.

6 구절판 가운데에 밀전병을 담고
사이사이에 잣을 넣는다. 준비된 모
든 재료를 색을 맞춰 돌려 담는다. 겨자
즙과 함께 낸다.

겨자채

겨자채는 여러 가지 채소와 배·밤·편육 등을 썰어 겨자즙으로 버무린 생채이다.

톡 쏘는 겨자의 매운맛에 새콤달콤한 맛이 첨가된 겨자채는 입맛을 돋우는 음식으로 반상차림보다는

주로 주안상이나 잔칫상에 올랐다. 한국의 대표적인 생채 음식 중 하나로 가열 조리한 것에 비하여

영양소의 손실이 적고 비타민을 풍부하게 섭취할 수 있는 점이 특징이다.

미리 만들어 놓지 않고 먹기 직전에 무쳐서 담아 내야 물이 생기지 않고 신선하다.

재료 및 분량

쇠고기(양지머리) 200g,
물 3컵(600g)

향채
파 20g, 마늘 10g

오이 80g, 당근 ¼개(50g),
양배추 90g, 배(중) ¼개(125g),
물 ½컵(100g),
설탕 ½작은술(2g)

밤 3개(45g), 잣 ½큰술(5g),
달걀 1개(60g), 식용유 1작은술

겨자즙
발효겨자 3큰술(39g),
소금 1작은술(4g), 설탕 2큰술(24g),
식초 3큰술(45g), 육수 2큰술(30g)

Tip

• 밤은 속껍질을 벗긴 후 물에 담그지
  않고 바로 썰어야 잘 썰린다.
• 밤은 너무 얇게 썰지 않아야
  부서지지 않는다.
• 새우나 전복 등의 해산물을 넣고
  만들기도 한다.
• 채소는 얼음물에 잠깐 담갔다가
  사용하면 아삭하고 질감이 좋다.

만드는 법

1 냄비에 물을 붓고 센불에 올려 끓
으면 쇠고기를 넣고 5분 정도 끓이다
가 향채를 넣고 중불로 낮추어 35분 정
도 끓인다.

2 쇠고기는 건져 면보에 싸서 무
거운 것으로 30분 정도 눌러 편육
을 만들고 가로 1.5cm, 세로 5cm, 두께
0.3cm 정도로 썬다.

3 오이와 당근·양배추는 씻은 후
길이 5cm, 폭 1.5cm, 두께 0.3cm로
썰어 물에 담근다. 배는 껍질을 벗겨 오
이와 같은 크기로 썰어 설탕물에 담가 놓
고, 밤은 껍질을 벗겨 두께 0.5cm로 썬다.

4 잣은 고깔을 떼고 면보로 닦는다.
달걀은 흰자와 노른자를 분리하여 황
백지단을 부쳐 오이와 같은 크기로 썬다.

5 발효겨자에 소금, 설탕, 식초, 육
수를 넣고 잘 섞어 겨자즙을 만든다.

6 접시에 편육과 채소, 황백지단을
돌려 담고 밤을 가운데에 얹고 잣을
올린 다음 겨자즙과 함께 낸다.

북어구이

북어구이는 말린 북어를 물에 부드럽게 불린 후 고추장 양념을 발라 구운 음식이다.

명태(明太)는 생 것을 생태(生太), 얼린 것을 동태(凍太), 건조시킨 것을 북어라 하는데,

명태라는 이름은 함경도 명천 지방에 사는 태(太)모씨가 처음 잡은 고기라 하여 붙여진 이름이라고 한다.

한방에서 북어는 독사의 독이나 광견독 뿐만 아니라, 여러 가지 공해로 인한 독에 대하여 해독 능력이 있어

북어를 달이거나 국을 끓여 먹으면 좋다고 하였다.

재료 및 분량

북어포(껍질 벗긴 황태포) 2마리(140g)

유장
간장 ½ 큰술(9g), 참기름 2작은술(8g)

양념장
고추장 2큰술(38g), 간장 1작은술(6g),
설탕 ½ 큰술(6g), 다진 파 ½ 큰술(7g),
다진 마늘 1작은술(5.5g),
깨소금 1작은술(2g),
후춧가루 ⅛작은술(0.3g),
참기름 1큰술(13g)

식용유 1큰술(13g)

Tip

• 고추장 양념 대신에
  간장 양념장을 사용하기도 하고,
  간장에 고춧가루를 넣기도 한다.

• 북어는 말린 정도에 따라
  불리는 시간을 달리 할 수 있다.

• 북어구이의 북어는 물에 불린 후
  껍질 쪽에 칼집을 많이 넣어야
  오므라들지 않는다.

• 구울 때 껍질 쪽부터 구워야
  덜 오므라든다.

만드는 법

1 북어는 머리와 꼬리, 지느러미를 자르고 물에 10초 정도 담갔다가 건져 젖은 면보에 싸서 북어살이 촉촉해지도록 30분 정도 둔다.

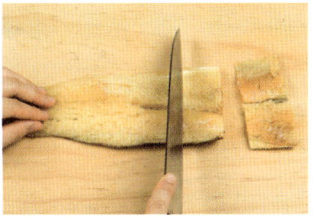

2 불린 북어는 뼈와 가시를 떼어 내고 길이 6cm 정도로 잘라 면보로 물기를 눌러 짠다.

3 북어가 오그라들지 않도록 껍질 쪽에 폭 2cm 정도로 칼집을 넣는다.

4 유장과 양념장을 만든다. 북어에 유장을 발라 10분 정도 재운다.

5 석쇠를 달구어 식용유를 바른 후 북어를 얹고 높이 15cm 정도 올려 센불에서 앞뒷면을 애벌구이한다.

6 구워진 북어에 양념장을 고루 바르고 센불에서 15cm 높이로 앞뒷면을 굽는다.

조기 양념구이

조기 양념구이는 조기에 고추장 양념을 발라 구운 음식이다.
'조기(助氣)'는 사람의 기운을 북돋아 준다고 해서 붙여진 이름으로 우리나라 사람들이 즐겨 먹는
생선 중 하나이다. 조기 말린 것을 굴비라 하는데 천장에 굴비를 매달아 놓고 밥 한 술 뜨고
굴비 한 번 쳐다보며 밥을 먹었다는 자린고비 이야기가 있을 정도로 맛이 좋은 생선이다.

재료 및 분량

조기 4마리(500g),
소금 ½작은술(2g)

유장
간장 ½큰술(9g), 참기름 ½큰술(6.5g)

양념고추장
간장 1작은술(6g), 고추장 3큰술(57g),
설탕 ½큰술(6g), 다진 파 1작은술(4.5g),
다진 마늘 ½작은술(2.8g),
생강즙 1작은술(5.5g),
깨소금 ½작은술(1g),
후춧가루 0.1g, 참기름 1큰술(13g)

식용유 1큰술(13g)

Tip

• 조기 양념구이는 애벌구이를 한 후
  양념을 발라 구워야 타지 않는다.
• 조기의 크기가 작거나 꾸덕꾸덕
  말린 경우에는 유장 처리만 해서
  굽는다.

만드는 법

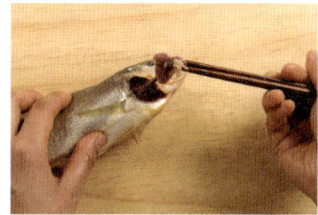

1 조기는 비늘을 긁고 지느러미를
자른 다음 아가미로 내장을 빼내고
깨끗이 씻는다.

2 조기는 폭 2cm 정도의 간격으로
칼집을 넣어 소금을 앞뒤로 뿌리고
30분 정도 재운다.

3 준비한 재료를 넣고 유장과 양념
장을 만든다.

4 칼집을 넣은 조기에 유장을 바르
고 10분 정도 재운다.

5 석쇠를 달구어 식용유를 바르고
조기를 얹어 높이 15cm 정도 올려
중불에서 앞뒷면을 애벌구이한다.

6 조기가 노릇하게 구워지면 양념
장을 바르고 중불에서 앞뒷면을 굽
는다.

화양적

화양적(華陽炙)은 쇠고기와 도라지 · 표고버섯 · 당근 · 오이 · 달걀 등 오색 재료를
양념하여 익힌 후 꼬챙이에 꿰어 지진 음식이다.
화양적은 꽃처럼 화려해 조선시대 궁중에서는 잔치 음식으로 많이 쓰였다.
'적'은 재료에 따라 육적 · 어적 · 닭적 이외에 채소적 등 다양하며,
제삿상과 폐백(幣帛)에는 필수적이고 일상식의 상차림에도 자주 올리는 음식이다.

쇠고기(우둔) 100g,
표고버섯 3장(15g)

양념장
간장 1큰술(18g), 설탕 ½큰술(6g),
다진 파 ½작은술(2.3g),
다진 마늘 ¼작은술(1.4g),
깨소금 ½작은술(1g),
후춧가루 ⅛작은술(0.3g),
참기름 ½큰술(6.5g)

껍질 벗긴 도라지 100g,
소금 ½작은술(2g)

오이 ½개(100g), 소금 ¼작은술(1g),
당근 ¼개(50g), 물 2컵(400g),
소금 ¼작은술(1g)

달걀 3개(180g), 소금 ¼작은술(1g),
식용유 2큰술(26g), 꼬치 8개

잣즙
잣가루 1큰술(6g), 육수 1½큰술(23g),
소금 ¼작은술(1g)

Tip

• 도라지는 소금에 절여 물에 헹구어
  쓴맛을 뺀다.
• 채소는 볶은 후 넓은 그릇에 펴서
  식혀야 색이 변하지 않는다.
• 잣즙 대신 잣가루를 뿌리기도 한다.
• 화양적은 가을이 제철이다.

만드는 법

1 쇠고기는 두께 0.5cm 정도로 크게 포를 떠서 잔칼질하고 양념장의 ⅔량으로 양념한다. 표고버섯은 물에 불려 기둥을 떼고 폭 1cm 정도로 썰어 나머지 양념장으로 양념한다.

2 도라지와 오이는 깨끗이 씻어 길이 6cm, 폭 1cm, 두께 0.6cm 정도로 썰어 소금에 살짝 절인다. 당근은 씻어 오이와 같은 크기로 썬다.

3 달걀은 두께 0.5cm 정도로 황백지단을 부쳐 가로 1cm, 세로 6cm 정도로 썬다. 잣즙을 만든다.

4 냄비에 물을 붓고 센불에서 끓으면 소금을 넣고 도라지와 당근을 각각 1분 정도 데친다.

5 팬을 달구어 식용유를 두르고 도라지와 오이·당근을 센불에서 각각 1분 정도 볶는다. 팬을 달구어 식용유를 두르고 쇠고기를 넣어 지져 길이 6cm, 폭 1cm 정도로 썰고 표고버섯도 볶는다.

6 준비한 재료를 꼬치에 색을 맞추어 꿰어서 접시에 담고 위에 잣즙을 한 줄로 얹는다.

육원전

육원전은 쇠고기 또는 돼지고기를 곱게 다져서 두부와 함께 섞어 둥글 납작하게 완자를 빚어서 지진 음식이다.
'육원전'이라는 이름은 고기를 이용하여 둥그렇게 원으로 만든 전이라는 설과 크기가 마치 옛날 엽전과
같다고 해서 붙여졌다는 설이 있다. 전통조리서인 「조선무쌍 신식요리제법(朝鮮無雙新式料理製法, 1943년)」에
'전유어라 하는 것은 아니 쓰는 데가 없나니 온갖 잔치와 혼인(婚姻)과 상사(喪事)와 제사(祭祀)와
생일(生日)이나 큰 연회나 여럿이 술 마시는 데와 심지어 밥상까지라도 이것이 없고는 할 수 없는 것'이라고
기록되어 있어 전은 모든 상에 빠지지 않고 오른 음식임을 알 수 있다.

재료 및 분량

다진 쇠고기(우둔) 200g,
두부 ⅛모(50g)

양념장

간장 ⅓작은술(2g), 소금 ¼작은술(1g),
설탕 ½작은술(2g),
다진 파 1작은술(4.5g),
다진 마늘 ½작은술(2.8g),
후춧가루 ⅛작은술(0.3g),
참기름 1작은술(4g)

밀가루 3큰술(21g), 달걀 2개(120g),
식용유 2큰술(26g)

초간장

간장 1큰술(18g), 식초 1큰술(15g),
물 1큰술(15g), 잣가루 1작은술(2g)

Tip

• 고기와 두부를 섞어 많이 치대면
  전의 표면이 깨끗하고 매끈하다.
• 전을 지질 때 밀가루를 충분히
  입히고 잘 털어 달걀물을 씌워
  지져야 기름도 적게 흡수하고
  표면이 매끈하다.
• 후라이팬이 달궈지면 기름을
  넉넉히 두르고 지져야 색이
  고르게 난다.

만드는 법

1 다진 쇠고기는 핏물을 닦고 두부
는 면보에 짜서 곱게 으깬다.

2 쇠고기와 두부를 합하여 양념장을
넣고 주무른다.

3 직경 4cm, 두께 0.5cm 정도로 둥
글납작하게 완자를 만든다.

4 달걀을 풀어 놓고 완자에 밀가루
를 입히고 달걀물을 씌운다.

5 팬을 달구어 식용유를 두르고 완자
를 놓고 중불에서 앞뒷면을 지진다.

6 접시에 담고 초간장을 만들어 함
께 낸다.

생선전

생선전은 담백한 흰살 생선에 밀가루와 달걀물을 묻혀 기름에 지진 음식이다.

생선전에는 민어 · 동태 · 도미 · 숭어 등의 담백한 흰살 생선이 이용된다.

생선전은 전유어(煎油魚)라고도 불리며 모양이 아름다워 전유화(煎油花)라고도 한다.

중국사신영접기록인 「영접도감의궤(迎接都監儀軌, 1643년)」와 고조리서인 「음식디미방, 1670년경」에

기록이 나오는 것으로 보아 전의 조리법은 1600년대 이후부터 발달된 것으로 보인다.

재료 및 분량

흰살 생선(동태) 1마리(1kg),
소금 ¼작은술(1g),
흰 후춧가루 ⅛작은술(0.3g)

밀가루 3큰술(21g),
달걀 2개(120g),
식용유 2큰술(26g)

초간장
간장 1큰술(18g),
식초 1큰술(15g),
물 1큰술(15g),
잣가루 1작은술(2g)

Tip

• 전을 지질 때 센불은 타기 쉽고,
 약한 불은 기름을 많이 흡수하므로
 중불에서 노릇하게 지진다.

• 민어 · 광어 · 대구 등의 흰살 생선도
 같은 방법으로 만들 수 있다.

• 생선전을 부칠 때는 뜨거운 팬에
 식용유를 두르고 껍질 쪽부터 놓고
 지진다.

만드는 법

1 흰살 생선살은 깨끗이 씻은 후 양
쪽으로 포를 떠서 껍질을 벗기고 가
로 6cm, 세로 5cm, 두께 0.5cm 정도로
저민다.

2 저민 생선살에 소금과 흰후춧가루
를 뿌려 간을 하고 10분 정도 두었다
가 물기를 닦는다.

3 달걀은 풀어 놓고 초간장을 만든다.

4 양념한 생선살에 밀가루를 입히고
잘 턴다.

5 밀가루 입힌 생선살에 달걀물을
씌운다.

6 팬을 달구어 식용유를 두르고 생
선살을 넣어 중불에서 앞뒷면을 노릇
노릇하게 지진다. 초간장과 함께 낸다.

미나리 강회

미나리 강회는 미나리를 살짝 데쳐 편육과 홍고추 · 황백지단을 한데 묶어 초고추장에 찍어 먹는 음식이다.

강회는 숙회의 일종으로 미나리나 파 등의 채소를 소금물에 파랗게 살짝 데친 다음,

다른 재료들의 허리를 말아 아름답게 만든 것을 말한다.

미나리 강회는 봄철의 연한 햇미나리가 파릇하게 돋았을 때 만들면 미각을 한층 돋우어 주며,

그 모양이 화려하고 정갈하여 주안상이나 교잣상에 주로 올린다.

재료 및 분량

미나리 50g,
물 3컵(600g),
소금 ¼작은술(1g)

쇠고기(우둔) 120g,
물 6컵(1.2kg)

달걀 2개(120g),
홍고추 ½개(10g)

식용유 1큰술(13g)

초고추장
고추장 2큰술(38g), 설탕 ½큰술(6g),
식초 1큰술(15g)

Tip

• 편육은 삶아 식은 후에 썰어야
  부서지지 않는다.

• 데친 미나리 줄기가 굵으면
  길이로 반을 갈라서 사용한다.

• 미나리강회의 미나리는 길이가
  길어서 억센 것 보다는 짧은 것이
  부드럽고 연하다.

만드는 법

1 쇠고기는 면보에 핏물을 닦는다.

2 냄비에 물을 붓고 센불에서 끓으
면 쇠고기를 넣고 중불에서 40분 정
도 삶아 식혀서 길이 4cm, 폭 1.2cm, 두
께 0.5cm 정도로 썬다.

3 미나리는 뿌리를 자르고 잎을 떼
어 낸 후 깨끗이 씻는다.

4 끓는 물에 소금과 미나리를 넣고
데쳐 물에 헹구어 길이 15cm 정도로
자른다.

5 달걀은 두께 0.3cm 정도로 황백
지단을 부쳐 가로 1.2cm, 세로 4cm
정도로 썬다. 홍고추는 길이로 반을 잘
라 씨를 떼고 길이 3cm로 채 썬다.

6 편육과 황백지단, 홍고추를 차례
로 올리고 미나리로 가운데를 2~3
번 정도 돌려 묶는다. 초고추장과 함께
낸다.

어채

어채(魚菜)는 포를 뜬 흰살 생선과 채소에 녹말을 묻혀 끓는 물에 데친 다음,
색을 맞추어 돌려 담는 음식이다. 어채는 봄에 즐겨 먹었으며 주안상에 어울리는 음식이다.
어채는 차게 먹는 음식이므로 생선은 비린내가 나지 않는 숭어 · 민어 등의 흰살 생선을 이용하고
표고 · 목이 · 석이버섯 같은 버섯류와 채소류가 쓰이며 해삼 · 전복 같은 어패류를 사용하기도 한다.

민어(대구) ½마리(300g),
소금 ¼작은술(1g),
흰 후춧가루 ⅛작은술(0.3g)

오이 ¼개(50g), 홍고추 1개(20g),
표고버섯 3장(15g)

석이버섯 2g, 잣 ½큰술(5g)

녹두녹말 30g, 달걀 1개(60g),
식용유 ½큰술(6.5g)

데치는 물 5컵(1kg)

초고추장
고추장 2큰술(38g),
설탕 ½큰술(6g), 식초 1큰술(15g)

Tip

• 어채의 생선은 민어 · 도미 · 광어
  등의 흰살생선을 사용한다.
• 녹두녹말이 귀할 때는 동부녹말을
  사용한다.
• 채소에 녹말을 묻혀서 바로 데치는
  것보다 녹말이 수분을 흡수한 후
  데쳐야 잘 붙고 윤기가 난다.

만드는 법

1 민어는 깨끗이 씻어 양쪽으로 포를 뜨고 껍질을 벗겨 가로 3cm, 세로 5cm, 두께 0.3cm 정도로 저며 썬다. 저민 민어에 소금과 흰후춧가루를 뿌려 10분 정도 둔다.

2 오이는 씻어 길이 4cm 정도로 잘라 가로 1.5~2cm, 세로 4cm, 두께 0.5cm 정도로 썬다. 홍고추는 길이로 반을 잘라 씨와 속을 떼어 내고, 오이와 같은 크기로 썬다.

3 표고버섯과 석이버섯은 물에 불려 씻어서 표고버섯은 기둥을 떼어내고 석이버섯은 돌기를 떼어 낸 다음 오이와 같은 크기로 썬다. 잣은 고깔을 떼고 달걀은 황백지단을 부쳐 오이와 같은 크기로 썬다.

4 준비한 민어포와 오이, 홍고추, 표고버섯, 석이버섯에 각각 녹두녹말을 고루 입히고 여분의 녹두녹말 가루를 턴다.

5 센불에서 물이 끓으면 오이, 홍고추, 표고버섯, 석이버섯을 각각 30초 정도 데쳐 물에 식혀 건지고 민어를 넣고 1분 정도 데쳐 건져 식힌다.

6 접시에 준비한 민어포와 오이, 홍고추, 표고버섯, 석이버섯, 황백지단을 색 맞추어 돌려 담고 잣을 올린 뒤 초고추장과 함께 낸다.

3장

따뜻한 기운을 전하다

가족 모임 상차림

불고기

불고기는 쇠고기를 얇게 썰어 채소와 갖은 양념에 미리 재워 두었다가
뜨거워진 불판에 구워 먹는 음식이다. 맥적에서 유래된 것으로 1950년대 이후 식당에서 손님이
기다리는 시간을 단축시키고 씹히는 맛을 연하게 하기 위해 고기를 얇게 썰어서 판매한 것을 시초로
조리 기구도 석쇠가 아닌 불판에 구워 주게 되었다.
이것은 값비싼 고기로 배를 채우기 힘든 서민들을 위해 채소를 넣어 양을 늘리고
불고기 국물에 밥을 비벼 먹을 수 있도록 배려한 것이라고 한다.

쇠고기(등심) 300g

양념장
간장 2큰술(36g), 설탕 1큰술(12g),
배즙 50g(배100g), 꿀 ½큰술(9.5g),
다진 파 1큰술(14g),
다진 마늘 ½큰술(8g),
깨소금 ½큰술(3g),
후춧가루 1/5작은술(0.5g),
참기름 1큰술(13g)

양파 1⅓개(200g), 상추 100g

Tip

• 기호에 따라 버섯·당근 등의
  채소를 넣을 수도 있다.
• 불고기를 양념장에 재울 때
  여러 시간 오래 재우면
  탈수작용에 의해 맛난 맛이 모두
  빠져나와 고기의 색이 검어지고
  맛이 덜하다.

만드는 법

1 쇠고기는 핏물을 닦고 기름과 힘
줄을 떼어 낸 후 결의 반대 방향으로
가로 5cm, 세로 4cm, 두께 0.3cm 정도
로 썬다.

2 양파는 깨끗이 손질하여 폭 0.5cm
정도로 채 썬다. 상추는 흐르는 물에
깨끗이 씻고 양념장을 만든다.

3 쇠고기에 양념장을 넣고 간이 배
도록 주물러 준다.

4 양념한 쇠고기에 양파를 넣고 30
분 정도 재워 놓는다.

5 불고기판을 달구어 쇠고기를 놓고
센불에서 앞뒤로 뒤집으며 굽는다.

6 잘 익은 불고기를 그릇에 담고 상
추를 곁들여 낸다.

제육구이

제육구이는 돼지고기에 고추장 양념을 하여 구운 음식으로
석쇠에 굽거나 팬을 사용하여 굽기도 한다. 우리나라는 예로부터 돼지를 많이 키워 이를 이용한
조리법이 발달하였다. 오래된 조리서 「음식디미방, 1670년경」에는 돼지고기를 양념에 재운 후 밀가루를 묻혀
볶는 방법이 소개되어 있으며, 어린 돼지를 구워 만든 음식인 '아저적(兒猪炙)'과 어린 돼지를 찜으로 한
'아저(兒猪)찜' 등 다양한 조리법이 있다.

돼지고기(등심) 550g

양념
생강즙 ½큰술(8g), 청주 1큰술(15g)

양념장
간장 2⅓큰술(49.5g), 고추장 1큰술(19g),
고춧가루 2큰술(14g), 설탕 2큰술(24g),
청주 1큰술(15g), 다진 파 2큰술(14g),
다진 마늘 ½큰술(8g),
후춧가루 ⅛작은술(0.3g),
참기름 2큰술(26g)

식용유 1큰술(13g)
상추 70g
깻잎 50g

Tip

• 제육구이는 돼지고기 구이이므로
  완전히 익혀야 된다.
• 지나치게 센불에서 계속 구우면,
  겉만 타고 속이 익지 않으므로,
  불 조절에 주의한다.
• 마늘 · 고추 · 실파를 곁들이기도
  한다.

만드는 법

1 돼지고기는 핏물을 닦고 가로
6cm, 세로 4cm, 두께 0.4cm 정도로
썰어 앞뒷면에 잔칼집을 넣는다. 상추와
깻잎은 다듬어 씻는다.

2 돼지고기에 준비한 양념을 넣고
10분 정도 재운다.

3 돼지고기에 양념장의 ⅔량을 넣고
간이 충분이 배이도록 주물러 30분
정도 재운다.

4 석쇠를 달구어 식용유를 바르고
돼지고기를 얹어 높이 15cm 정도로
올려 센불에서 앞뒷면을 굽는다.

5 나머지 양념장을 덧바르며 타지
않게 더 굽는다.

6 접시에 상추와 깻잎을 깔고 구운
돼지고기를 담는다.

닭찜

닭찜(鷄蒸)은 닭을 먹기 좋은 크기로 잘라 양파·당근·감자 등의 채소를 넣고 양념하여 찐 음식이다.
오래된 조리서의 하나인 「음식디미방, 1670년경」에는 수증계(水蒸鷄)로 기록되어 있는데,
예로부터 여러 가지 이름으로 불렸다. 닭찜은 반상차림이나 주안상, 각종 행사의 교잣상에
가장 많이 올렸던 음식으로 다른 육류에 비해 보편적으로 많이 이용되었음을 알 수 있다.

재료 및 분량

닭 700g,
튀하는 물 5컵(1kg)

당근 ⅓개(70g),
표고버섯 2장(10g),
양파 80g,
은행 8개(16g)
달걀 1개(60g),
식용유 1큰술(13g)

양념장

간장 2½큰술(45g), 설탕 1½큰술(18g),
다진 파 1큰술(14g), 다진 마늘 ½큰술(8g),
생강즙 1작은술(5.5g), 깨소금 ½큰술(3g),
참기름 1큰술(13g)

물 1½컵(300g)

Tip

- 채소를 미리 넣으면 물러질 수
  있으므로 닭이 어느 정도 익으면
  넣는다.
- 닭찜은 가을 닭이 살이 올라
  맛이 있다.

만드는 법

1 닭은 내장과 기름기를 떼어 내고, 깨끗이 씻은 후 가로 · 세로 4~5cm 정도의 크기로 자른다.

2 냄비에 튀하는 물을 붓고 센불에서 끓으면 닭을 넣고 3분 정도 튀해서 건져 놓는다. 양념장을 만든다.

3 당근은 큼직하게 썰어 모서리를 다듬는다. 표고버섯은 불려 기둥을 떼고 2~4등분으로 썰고 양파는 깨끗이 씻어 가로 3cm, 세로 4cm 정도로 썬다.

4 팬을 달구어 식용유를 두르고 은행을 넣어 중불에서 굴려가며 볶아 껍질을 벗긴다. 달걀은 황백지단을 부쳐 길이 2cm 정도의 마름모꼴로 썬다.

5 냄비에 닭을 넣고 양념장의 ⅓량과 물을 붓고 센불에서 끓으면 중불로 낮추어 20분 정도 끓이다가 당근과 표고버섯, 양파와 나머지 양념장을 넣고 15분 정도 더 끓인다.

6 닭찜이 잘 끓었으면 은행을 넣고 남은 양념국물을 위로 끼얹으며 윤기나게 조린 다음 그릇에 담고 황백지단을 보기 좋게 얹는다.

낙지볶음

낙지볶음은 낙지에 갖은 채소를 넣고 양념하여 볶은 음식이다.

'말라빠진 소에게 서너 마리를 먹이면 곧 강한 힘을 갖게 한다'는 낙지는 예부터 강장 식품으로 널리 식용하였다.

특히 낙지는 가을부터 겨울까지 그 맛이 좋아 이때 다양하게 조리하여 먹었다.

정약전이 쓴 수산물 기록인 「자산어보(玆山魚譜, 1814)」에 '낙지는 빛깔은 하얗고 맛은 감미로우며,

회나 국 및 포에 좋다. 이를 먹으면 사람의 원기를 돋운다.'고 기록되어 있다.

낙지 2¼마리(450g), 소금 1큰술(12g),
밀가루 2큰술(14g)

양파 ⅔개(100g), 청고추 1½개(25g),
홍고추 1개(20g)

식용유 1큰술(13g)

참기름 1작은술(4g)

양념장
간장 1작은술(6g), 고추장 1큰술(19g),
고춧가루 2큰술(14g), 설탕 1작은술(4g),
다진 파 1큰술(14g), 다진 마늘 ½큰술(8g),
다진 생강 ½작은술(2g),
흰 후춧가루 ⅛작은술(0.3g),
참기름 2작은술(8g)

Tip

• 매운맛을 더 내려면 고춧가루를
  더 사용한다.
• 당근이나 다른 여러 가지 채소를
  더 넣을 수도 있다.
• 센불에서 빨리 볶아야 색도 곱고
  물이 생기지 않는다.

만드는 법

1. 낙지는 눈을 떼어 내 머리를 뒤집
   어 내장을 떼어 낸 후 소금과 밀가루
   를 넣고 주물러 깨끗이 씻는다.

2. 낙지 머리는 폭 1.5cm 정도로 썰
   고 다리는 길이 6cm 정도로 썬다.

3. 양파는 손질하여 깨끗이 씻은 후
   폭 1cm 정도로 채 썬다. 청·홍고추
   는 씻어서 길이 2cm 정도로 어슷썬다.

4. 준비한 모든 양념장을 한데 넣고
   고루 섞어 양념장을 만든다.

5. 팬을 달구어 식용유를 두르고 양
   파를 넣어 센불에서 1분 정도 볶다
   가 낙지와 양념장을 넣고 1분 정도 더
   볶는다.

6. 청·홍고추와 참기름을 넣고 30
   초 정도 재빠르게 볶아 낸다.

잡채

잡채(雜菜)는 삶은 당면에 여러 가지 채소를 볶아 넣고 함께 무쳐서 만든 음식이다.

잔치나 명절에 흔히 볼 수 있는 잡채는 오이 · 무 · 숙주 · 도라지 등의 익힌 나물로만 섞은 뒤

양념해 먹던 궁중 음식이었으나 현재는 당면이 주재료가 되었다.

조선시대 광해군(재위 1608~1623)이 산해진미에 질려서 '먹을 만한 음식이 없느냐?'고 묻자,

이충이라는 사람이 잡채를 만들어 올렸는데 그 맛에 반한 광해군은 그에게 큰 벼슬을 내렸다고 한다.

재료 및 분량

쇠고기(우둔) 50g, 표고버섯 2장(10g),
목이버섯 3g

양념장 ①
간장 ½큰술(9g), 설탕 ½작은술(2g),
다진 파 ½작은술(2.3g),
다진 마늘 ¼작은술(1.4g),
깨소금 ½작은술(1g),
후춧가루 0.1g, 참기름 ½작은술(2g)

오이 70g, 당근 1/6개(30g),
소금 ⅛작은술(0.5g)

껍질 벗긴 도라지 30g, 소금 ½작은술(2g),
양파 ⅓개(50g)

숙주 30g, 물 2컵(400g), 소금 ¼작은술(1g)

숙주양념
소금 ⅛작은술(0.5g), 참기름 ½작은술(2g)

고명
달걀 1개(60g), 소금 ⅛작은술(0.5g)

당면 60g, 삶는 물 2컵(400g)

양념장 ②
간장 1큰술(18g), 설탕 1큰술(12g),
통깨 ½큰술(3.5g),
참기름 ½큰술(6.5g)

식용유 2큰술(26g)

Tip

• 잡채의 모든 재료는 센불에서
빨리 볶아 내야 질감이 좋고
색이 곱다.

• 당면을 덜 삶으면 더 잘 붙어
좋지 않다.

만드는 법

1 쇠고기는 핏물을 닦고 채 썰어, 양
념장 ①의 ⅓량으로 양념한다. 표고
버섯과 목이버섯은 물에 불려 표고버섯
은 기둥을 떼고 채 썰고 목이버섯은 한 잎
씩 떼어 나머지 양념장 ①의 ½량으로 양
념한다. 달걀은 황백지단을 부쳐 길이
4cm로 채 썬다.

2 오이는 5cm로 돌려 깎아 채 썬다.
당근은 오이와 같은 크기로 채 썰고
각각 소금을 넣고 절인다. 도라지는 오
이와 같은 크기로 채 썰어 소금을 넣고 주
물러 씻고 양파도 오이와 같은 크기로 채
썬다. 숙주는 머리와 꼬리를 떼고 끓는 물
에 소금을 넣고 데쳐 양념한다.

3 팬을 달구어 식용유를 두르고 오
이와 당근을 센불에서 각각 30초, 도
라지와 양파는 중불에서 각각 2분, 쇠고
기와 표고버섯, 목이버섯은 중불에서 각
각 2분 정도씩 볶는다.

4 냄비에 물을 붓고 센불에서 끓으
면 당면을 넣고 8분 정도 삶아 건져
길이 20cm 정도로 자른 다음 양념장 ②
를 넣고 무친다.

5 팬을 달구어 식용유를 두르고 당
면을 넣은 후 중불에서 잘 저어가며
2분 정도 볶는다.

6 당면과 준비한 재료를 함께 넣어
고루 버무려 그릇에 담고 황백지단
을 얹는다.

탕평채

탕평채(蕩平菜)는 청포묵과 쇠고기·미나리·숙주·달걀 등이 들어가

영양소도 고르게 들어 있고 오색의 고명이 화려하게 어우러진 음식이다.

'탕평채'라는 이름은 어느 쪽에도 치우침 없이 고르다는 뜻을 지닌 '탕탕평평(蕩蕩平平)'이란 말에서

유래한 것으로 조선시대 영조 때 탕평책을 논하는 자리의 음식상에 처음 올랐다.

청포묵 1모(300g), 물 3컵(600g)

양념

소금 2g(½작은술), 참기름 2g(½작은술)

쇠고기(우둔) 100g

양념장

간장 2작은술(12g), 설탕 ½큰술(6g),
다진 파 1작은술(4.5g),
다진 마늘 ½작은술(2.8g),
깨소금 ½작은술(1g),
후춧가루 ⅛작은술(0.3g),
참기름 ½작은술(2g)

숙주 100g, 미나리 50g, 물 2컵(400g),
소금 ¼작은술(1g)

홍고추 ¼개(5g), 김 1장(2g)

초간장

간장 2작은술(12g), 설탕 1큰술(12g),
식초 2큰술(30g),
깨소금 1작은술(2g)

달걀지단

달걀 1개(60g), 식용유 1작은술(4g)

Tip

• 먹기 직전에 무쳐야 물이 덜 생긴다.
• 지금은 녹두 녹말이 귀해서 청포묵을
  쑬 때 동부녹말을 사용한다.

만드는 법

1 청포묵은 길이 7cm, 폭·두께
0.5cm 정도로 채 썬다.

2 냄비에 물을 붓고 센불에서 끓으
면 청포묵을 넣고 1분 정도 데쳐 물
기를 뺀 다음 식혀서 양념을 한다.

3 숙주는 머리와 꼬리를 떼고 미나
리는 잎을 떼어 내고 깨끗이 씻은
다음 끓는 물에 각각 데쳐 물에 헹구어
4cm 길이로 자른다. 홍고추는 씻어 길이
로 반을 잘라 씨와 속을 떼어 내고 길이
3cm로 채 썬다.

4 쇠고기는 핏물을 닦고 길이 5cm,
폭·두께 0.3cm 정도로 채 썰어 양
념장을 넣고 양념한다. 팬을 달구어 식
용유를 두르고 양념한 쇠고기를 넣어 중
불에서 2분 정도 볶는다.

5 달걀은 황백지단을 부쳐 길이
4cm, 폭·두께 0.3cm 정도로 채 썬
다. 김은 앞뒤로 뒤집어 가며 약불에 20
초 정도 구워 부순다.

6 청포묵과 쇠고기, 숙주, 미나리에
초간장을 넣고 고루 버무려 그릇에
담고 홍고추와 황백지단, 김을 고명으로
얹는다.

궁중떡볶이

궁중떡볶이는 궁중에서 즐겨 먹었던 음식으로 흰떡과 쇠고기, 여러 가지 색이 있는
마른 채소와 신선한 채소를 함께 넣고 간장 양념에 볶은 음식이다. 쇠고기와 떡과 채소가 고루 들어가
영양적으로도 완벽하다. 요즘의 떡볶이는 고추장을 넣어 만드는데,
18세기 이전까지는 간장 양념만을 하여 맵지 않은 떡볶이를 주로 먹었다.
본격적으로 고추장을 이용한 매운 떡볶이는 1950년대 이후에 자리 잡았다.

흰떡 300g, 참기름 1큰술(13g)

쇠고기(우둔) 100g , 표고버섯 3장(15g),
말린 호박오가리 20g

양념장①
간장 ½큰술(9g), 설탕 ½큰술(6g),
다진 파 1작은술(4.5g),
다진 마늘 ½작은술(2.8g),
후춧가루 ⅛작은술(0.3g),
참기름 1작은술(4g)

양파 ⅓개(50g), 청고추 1개(15g),
홍고추 1개(20g)

숙주 60g, 물 2컵(400g),
소금 ¼작은술(1g)

달걀 1개(60g), 식용유 1큰술(13g)

양념장②
간장 1큰술(18g), 설탕 ½큰술(6g),
꿀 1작은술(6g), 다진 파 1작은술(4.5g),
다진 마늘 ½작은술(2.8g),
참기름 1작은술(4g), 물 ¼컵(50g)

Tip

• 호박오가리 대신 박오가리를
  넣어도 좋다.
• 호박오가리의 마른 정도에 따라
  물에 불리는 시간을 조정한다.
• 모든 재료를 각각 볶아서 한데
  버무리기도 한다.

만드는 법

1 흰떡은 길이 4~5cm로 썰고 다시 길이로 4등분하여 참기름을 넣고 무친다. 흰떡이 단단하면 끓는 물에 살짝 데쳐 낸다.

2 쇠고기는 길이 5cm, 폭 0.3cm 정도로 채 썰고, 표고버섯과 호박오가리는 물에 불려 길이 5cm, 폭 0.7cm 정도로 썬다. 쇠고기와 표고버섯은 양념장①로 양념하여 중불에서 잠시 볶는다.

3 양파는 깨끗이 씻어 길이 5cm, 폭 0.7cm 정도로 썰고 청·홍고추는 길이로 반을 잘라 속은 떼어내고 양파와 같은 크기로 썬다. 숙주는 머리와 꼬리를 뗀 후 끓는 물에 소금을 넣고 데쳐 건진다.

4 달걀은 흰자와 노른자를 분리한다. 달구어진 팬에 식용유를 두르고 황백지단을 각각 부쳐 길이 5cm, 폭 0.7cm 정도로 썬다.

5 팬을 달구어 식용유를 두른 후 양파와 호박오가리를 각각 넣고 중불에서 볶는다. 청·홍고추는 살짝 볶는다.

6 팬을 달구어 흰떡과 양념장②를 넣고 볶다가, 쇠고기와 표고버섯, 호박오가리, 양파, 청·홍고추, 숙주를 넣고 볶은 후 황백지단을 넣어 고루 섞는다.

해물파전

해물파전은 반죽 위에 파를 듬뿍 얹고 조갯살·굴·홍합 등을 사이사이에 얹은 다음
맨 위에 걸쭉하게 만든 반죽과 달걀물을 풀어 지진 음식이다.
부드러운 파와 해산물의 시원한 맛이 어우러진 부산 지방의 동래파전이 유명하다.
동래파전은 조선시대 동래부사가 임금님께 진상했을 정도로 유명한데
옛날 동래 장날에 노점에서 점심 요깃감으로 구워 파는 데에서 유래하였다고 한다.

재료 및 분량

홍합살 100g, 조갯살 70g, 굴 70g,
물 3컵(600g), 소금 ½작은술(2g)

쪽파 200g, 청고추 ⅔개(10g),
홍고추 1개(15g)

소금 1작은술(4g),
후춧가루 ⅛작은술(0.3g)

달걀 1개(60g), 식용유 ½컵(85g)

밀가루 1컵(95g), 멥쌀가루 30g,
소금 ¼작은술(1g), 물 1컵(200g)

간장 1큰술(18g), 식초 1큰술(15g),
물 1큰술(15g), 잣가루 1작은술(2g)

Tip

• 동래파전은 멥쌀가루나 찹쌀가루에
  멸치 국물을 붓고 반죽하기도 한다.
• 동래파전은 눌러 지지지
  않아야 질기지 않다.
• 부산 동래지방의 파가 맛이 있어서
  유명하다.

만드는 법

1 해물은 소금물에 살살 흔들어 씻어 체에 밭쳐 물기를 빼고 1cm 정도의 크기로 썬 다음 양념을 넣고 간을 한다.

2 청·홍고추는 길이 2cm 정도로 어슷썰고, 쪽파는 손질하여 깨끗이 씻은 후 길이 10cm 정도로 썬다.

3 밀가루에 멥쌀가루, 소금, 물을 붓고 고루 섞어 반죽을 만든다. 달걀은 풀어 놓고 초간장을 만든다.

4 팬을 달구어 식용유를 두르고 중불에서 반죽을 놓은 후 직경 10cm, 두께 0.8cm 정도로 둥글게 만든다.

5 팬 위 반죽에 쪽파를 편편하게 펴서 놓고 준비한 해물과 청·홍고추를 얹은 후 쪽파 위에 반죽을 더 떠 놓고 골고루 편다.

6 풀어놓은 달걀물을 끼얹고 중불에서 5분 정도 지져 밑면이 익으면 뒤집어 뚜껑을 덮고 3분 정도 더 지진다. 초간장과 함께 낸다.

녹두빈대떡

빈대떡은 불린 녹두를 갈아 다진 고기와 채소 · 김치를 넣고 기름에 지진 음식이다.

빈자떡이라고도 하는데 「명물기략(名物紀略, 1870년경)」에 중국의 밀가루떡인 알병의 '알(餲, 기름에 튀긴 음식)' 자가

빈대를 가리키는 '갈(蝎)'로 잘못 알려져 빈자떡이 되었다는 설과

본디 빈대떡은 기름에 부친 고기를 제사상이나 교자상에 올려놓을 때 밑받침용으로 쓴 음식인데,

그 후 가난한 사람을 위한 먹음직스러운 요리가 되어 빈자(貧者)떡이 되었다는 설이 있다.

그러나 지금은 녹두 값이 비싸서 귀한 음식이 되었다.

거피 녹두 ½컵(90g), 물 110g,
소금 ¼작은술(1g)

배추김치 40g, 불린 고사리 20g,
다진 돼지고기 30g

양념장
간장 ½작은술(3g), 다진 파 1작은술(4.5g),
다진 마늘 ½작은술(2.8g),
후춧가루 0.1g, 참기름 ½작은술(2g)

숙주 50g, 물 3컵(600g),
소금 ¼작은술(1g)

양념
소금 ⅛작은술(0.5g),
참기름 ½작은술(2g)

청고추 ⅓개(5g), 홍고추 ¼개(5g)

식용유 2큰술(26g)

초간장
간장 1큰술(18g), 식초 1큰술(15g),
물 1큰술(15g), 잣가루 1작은술(2g)

Tip

• 녹두를 갈 때 멥쌀이나 찹쌀을
  섞기도 한다.
• 모든 재료를 함께 넣고 섞어
  지지기도 한다.
• 빈대떡이나 전을 지질 때는 눌러
  지지지 않아야 단단하지 않고
  부드럽다.

만드는 법

1 거피녹두는 물에 8시간 정도 불렸다가 비벼 씻어 껍질을 벗기고 깨끗이 씻어 일어 체에 받쳐 물기를 뺀다.

2 배추김치는 꼭 짜서 길이 1cm로 썬다. 불린 고사리는 길이 2cm로 썰어 다진 돼지고기와 함께 양념장을 넣고 양념한다. 숙주는 꼬리를 떼고 씻어 끓는 물에 데친 후 길이 2cm로 썰어 양념한다. 청·홍고추는 씻어 어슷썬다.

3 믹서에 녹두와 물을 붓고 1분 정도 갈아서 소금을 넣고 간하여 녹두 반죽을 만든다.

4 고사리와 돼지고기에 숙주와 배추김치를 넣고 한데 섞어서 빈대떡 소를 만든다.

5 팬을 달구어 식용유를 두르고 갈아 놓은 녹두를 직경 5~6cm, 두께 0.5cm 정도로 둥글게 놓고 가운데에 빈대떡 소를 얹는다.

6 그 위에 녹두반죽을 붓고, 청·홍고추를 올린 후 중불에서 앞뒷면을 노릇하게 지진다. 초간장과 함께 낸다.

더덕생채

더덕생채는 더덕을 잘게 찢어 양념한 매콤하고 새콤한 음식이다.

더덕은 사삼(沙蔘)이라고도 하며, 인삼·도라지와 마찬가지로 사포닌이 많이 들어 있어 약리성이 있다.

중국 의학서인 「명의별록(名醫別錄, 452~536년)」에서도 '인삼(人蔘)·현삼(玄蔘)·단삼(丹蔘)·사삼(沙蔘)·고삼(苦蔘)을

오삼(五蔘)이라 하는데 모양이 비슷하고 약효도 비슷하다.' 라고 하였다.

더덕은 건위제일 뿐 아니라 강장 식품으로도 유명하며, 흰색으로 폐·장·신장을 튼튼하게 해 주는 식품이다.

재료 및 분량

더덕 300g, 물 2컵(400g),
소금 ½큰술(6g)

양념장
고추장 2½작은술(15g),
설탕 1큰술(12g),
고춧가루 2작은술(4.4g),
소금 ½작은술(2g),
다진 파 1큰술(14g),
다진 마늘 1작은술(5.5g),
깨소금 1작은술(2g),
식초 1큰술(15g)

Tip

• 더덕의 물기를 없애고 방망이로
  자근자근 두드려 찢기도 한다.

• 더덕 껍질 색은 검은 것보다는
  갈색이 두들겨도 부서지지 않고
  향도 좋다.

만드는 법

1 더덕은 손질하여 깨끗이 씻은 후
껍질을 벗기고 두께 0.5cm 정도로
저며 썬다.

2 썬 더덕은 소금물에 20분 정도 담
가 나른하도록 주물러 씻어 쓴맛을
뺀 뒤 물기를 닦는다.

3 물기를 뺀 더덕을 밀대로 밀어 두
께를 고르게 한다.

4 더덕은 길이 6cm, 폭·두께 0.3cm
정도로 가늘게 찢는다.

5 모든 양념 재료를 한데 넣고 섞어
서 양념장을 만든다.

6 준비한 더덕에 양념장을 넣고 고
루 무친 후 그릇에 볼품 있게 담는다.

도토리묵 무침

도토리묵 무침은 도토리묵에 채소와 양념장을 넣고 버무린 음식이다.

도토리묵은 곱게 간 도토리를 물에 담가 떫은맛을 우려낸 후

앙금만 모아서 풀 쑤듯이 오래 끓이고 식혀서 굳힌 식품이다.

옛날에는 흉년이 들 때 중요한 구황식품이나 별식으로 이용되었으나

현재는 칼로리는 낮고 포만감을 주는 다이어트 식품으로 인기가 높다.

도토리묵 1모(300g)

오이 ½개(70g),
당근 ¼개(30g),
쑥갓 30g,
청고추 1개(15g),
홍고추 ½개(10g)

양념장
간장 1⅓큰술(24g),
설탕 ½작은술(2g),
고춧가루 ½작은술(1.1g),
다진 파 1작은술(4.5g),
다진 마늘 ½작은술(2.8g),
통깨 1작은술(2g),
참기름 1큰술(13g)

Tip

• 기호에 따라 들기름을 넣고
  무치기도 한다.

• 도토리묵 무침은 무쳐서 바로
  먹어야 채소의 숨이 죽지 않고
  물이 생기지 않는다.

• 도토리묵을 쑬 때 도토리 가루와
  물의 비율은 1:5 정도가 제일
  적당하고 뜸을 잘 들여야
  부드럽다.

만드는 법

1 도토리묵은 씻어 물기를 닦고 가
로 4cm, 세로 3cm, 두께 1cm 정도
로 도톰하게 썬다.

2 오이와 당근은 깨끗이 씻어 길이
4cm, 폭 1.5cm, 두께 0.3cm 정도로
썬다. 쑥갓은 다듬어 씻어 길이 5cm로
자른다. 청·홍고추는 어슷썬다.

3 양념장 재료를 한데 넣고 고루 섞
어 양념장을 만든다.

4 도토리묵에 준비한 채소와 양념장
을 넣는다.

5 도토리묵이 깨지지 않게 가볍게
무친다.

6 무친 도토리묵은 그릇에 가지런히
담는다.

오이선

오이선은 오이에 칼집을 내 쇠고기·표고버섯·황백지단 등을 고명으로 넣어 만든 음식이다.

새콤달콤한 맛과 아름다운 색이 입맛을 돋워 주로 잔칫상에 오르던 궁중 음식이다.

선(膳)은 좋은 음식을 뜻하는 것으로 찜의 조리법에 해당하는 음식이다.

예전에는 호박이나 오이·가지·배추·두부 등의 식물성 주재료에

쇠고기나 닭고기 또는 채소를 소로 채워 장국에 넣고 잠깐 끓이거나 찜통에 쪄서 만들었는데,

지금의 방법과는 조금 다른 것을 알 수 있다.

재료 및 분량

오이 1개(200g),
물 1컵(200g), 소금 1작은술(4g)

쇠고기(우둔) 30g,
표고버섯 2장(10g)

양념장
간장 1작은술(6g), 설탕 1작은술(4g)
다진 파 ½작은술(2.3g),
다진 마늘 1¼작은술(1.4g),
깨소금 ½작은술(1g), 후춧가루 0.1g,
참기름 ½작은술(2g)

달걀 1개(60g), 식용유 2작은술(8g),
실고추 0.1g

단촛물
소금 1작은술(4g), 설탕 2큰술(24g),
식초 4큰술(60g), 물 1큰술(15g)

Tip

· 굵은 오이는 씨가 많고
  너무 크므로 곧고 가늘고 연한
  오이를 사용한다.
· 오이선에 들어가는 소는 채를
  곱게 썰어야 잘 들어가고
  보기가 좋다.
· 단촛물은 먹기 전에 끼얹어야
  맛과 색이 좋다.

만드는 법

1 오이는 소금으로 비벼 씻어 길이
로 2등분하여 껍질 쪽에 폭 0.5cm
정도의 간격으로 비스듬히 칼집을 세 번
넣고 네 번째 자른다.

2 자른 오이는 분량의 소금물에 15
분 정도 절인 후 잘 절여졌으면 건져
물기를 닦는다.

3 쇠고기는 핏물을 닦아 길이
2.5cm, 폭·두께 0.2cm 정도로 채
썬다. 표고버섯은 불려 기둥을 떼고 물
기를 닦아 쇠고기와 같은 크기로 채 썰고
양념장을 넣어 각각 양념한다.

4 팬을 달구어 식용유를 두르고 오
이를 넣어 센불에서 1분 정도 볶아
서 식힌다. 팬을 달구어 식용유를 두르
고 쇠고기와 표고버섯을 중불에서 각각
볶는다.

5 달걀은 황백지단을 부쳐 쇠고기와
같은 크기로 채 썰고 실고추는 길이
1cm 정도로 자른다. 단촛물을 만든다.

6 오이의 칼집 사이에 볶은 쇠고기
와 표고버섯을 같이 넣고 황백지단
을 각각 넣는다. 실고추를 얹고 단촛물
을 끼얹는다.

4장

식사의 기본을 선보이다

죽 · 밥 · 국수

흰밥

흰밥(白飯)은 멥쌀로만 지은 흰색의 밥이란 뜻으로 한국인의 주식(主食)이다.

한국은 벼농사에 적합한 기후로 일찍부터 쌀로 밥 짓는 법과 쌀을 이용한 음식이 발달하였다.

상차림에서 밥이 중심이고 다른 음식들은 밥을 먹기 위한 부식의 역할을 한다.

재료 및 분량

멥쌀 2½컵(450g)
물 3컵(600g)

Tip

• 밥물이 끓어 넘치면 뚜껑을
  조금 열었다 닫는다.
• 쌀을 너무 오래 물에 불리면
  밥에 찰기가 없어진다.
• 뜸을 잘 들여야 밥이 맛이 있다.

만드는 법

1 멥쌀은 깨끗이 씻어 일어서 물에 30분 정도 불린다.

2 잘 불린 멥쌀을 체에 밭쳐 10분 정도 물기를 뺀다.

3 냄비에 멥쌀과 물을 붓고 센불에 올려 끓인다.

4 센 불에 끓으면 4분 정도 더 끓인 후 중불로 낮추어 3분 정도 더 끓인다. 쌀알이 퍼지면 약 불로 낮추어 10분 정도 뜸을 들인다.

5 물을 묻힌 주걱으로 밥을 고루 섞는다.

6 밥을 그릇에 고슬고슬하게 퍼서 담는다.

오곡밥

오곡밥(五穀飯)은 찹쌀을 포함해 차수수·차조·팥·콩 등 다섯 가지 곡식을 섞어서 지은 밥이다.

예부터 1년 중 첫 보름달이 뜨는 대보름날을 중시하여 음력 정월 보름날 무사 태평과 풍년을 기원하며

오곡밥을 지어 여러 사람과 나누어 먹었다.

백 집에서 얻어 먹는 것이 좋다는 뜻으로 백가반(百家飯)이라고도 한다.

찹쌀 2컵(360g),
검은콩 ½컵(80g),
차수수 ½컵(85g),
차조 ½컵(85g),
붉은팥 ½컵(83g),
데치는 물 1½컵(300g),
삶는 물 2½컵(500g)

밥물
팥 삶은 물 ½컵(100g),
물 2½컵(500g),
소금 ½큰술(6g)

Tip

• 오곡밥을 찜기나 시루에 찔 때는
붉은팥 삶은 물에 소금을 섞어
중간에 홀홀 뿌리고 찐다.
• 오곡밥이 끓은 다음 좁쌀을 넣어야
좁쌀이 으깨지지 않고 모양이 좋다.

만드는 법

1 찹쌀은 깨끗이 씻어 일어 물에 30
분 정도 불린 후 체에 밭쳐 10분 정
도 물기를 뺀다.

2 검은콩은 깨끗이 씻어 일어서 물
에 3시간 정도 불리고 차수수는 비
벼 씻어 일어서 물에 1시간 정도 불린다.
붉은팥과 차조는 각각 깨끗이 씻어 일어
서 각각 체에 밭쳐 물기를 뺀다.

3 냄비에 붉은팥과 삶는 물을 붓고
센불에 올려 끓으면 중불로 낮추어
20분 정도 팥이 터지지 않을 정도로 삶
아 체에 밭친다.

4 팥 삶은 물에 분량의 물과 소금을
넣어 밥물을 만든다. 냄비에 찹쌀과
검은콩 · 차수수 · 붉은팥을 넣고 밥물을
붓는다.

5 센불에서 5분 정도 끓이다가 차조
를 넣고 3분 정도 더 끓여 중불로 낮
추어 10분 정도 끓인다. 쌀알이 퍼지면
약불로 낮추어 13분 정도 뜸을 들인 후 불
을 끄고 10분 정도 둔다.

6 밥을 주걱으로 고루 섞은 후 그릇
에 담는다.

영양돌솥밥

영양돌솥밥은 돌솥에 쌀과 약리 작용을 하는 인삼·대추·밤 등을 넣어서 지은 밥으로
귀한 손님이나 어른들을 위한 특별 영양식이다. 의식주 가정백과인 「규합총서(閨閤叢書, 1809년)」에서는
'밥과 죽은 돌솥이 으뜸이고 오지탕관이 그 다음이다.'라 하여 돌솥으로 한 밥맛을 최고로 쳤다.
돌솥으로 밥을 지으면 뜸이 고르게 들고 잘 타지 않아 밥맛이 아주 좋으며 쉽게 식지도 않아 보온성이 좋기 때문이다.
돌을 깎아 만든 돌솥은 대개 1~2인용의 적은 밥을 지을 수 있는 크기이다.

멥쌀 2컵(360g),
찹쌀 ½컵(90g),
검은콩 30g,
밤 4개(60g),
은행 12알(24g),
잣 1큰술(10g),
대추 8개(32g),
양송이버섯 37g,
인삼(수삼) 25g,
물 3컵(600g)

양념장

간장 3큰술(54g),
고춧가루 ½작은술(1.1g),
다진 파 1큰술(14g),
다진 마늘 1작은술(5.5g),
깨소금 1큰술(6g),
후춧가루 ⅛작은술(0.3g),
참기름 2작은술(8g)

Tip

• 양송이버섯 대신 표고버섯을
 넣기도 한다.
• 양념장의 양은 기호에 따라
 가감하여 넣고 고루 비벼 먹는다.
• 기호에 따라 양념장 없이
 먹기도 한다.

만드는 법

1 멥쌀과 찹쌀은 깨끗이 씻어 일어서
물에 30분 정도 불리고 검은콩도 깨
끗이 씻어 일어서 물에 3시간 정도 불려
각각 체에 밭쳐 10분 정도 물기를 뺀다.

2 밤은 껍질을 벗겨 2~4등분으로
썰고 대추는 면보로 닦아서 살만 돌
려 깎은 후 2~3등분 한다. 양송이버섯
은 갓의 껍질을 벗기고 길이로 모양을 살
려서 두께 0.7cm 정도로 썬다.

3 팬을 달구어 식용유를 두르고 은
행을 넣어 중불에서 볶아 껍질을 벗
긴다. 잣은 고깔을 떼고 면보로 닦는다.
인삼은 깨끗이 씻어 뇌두를 자르고 길이
2cm, 두께 0.7cm 정도로 어슷썬다.

4 돌솥에 멥쌀과 찹쌀ㆍ검은콩ㆍ
밤ㆍ양송이버섯ㆍ인삼을 넣고 분량
의 물을 부어 센불에 올린다. 끓으면 3분
정도 더 끓인다.

5 준비한 여러 가지 재료를 넣고 양
념장을 만든다.

6 약불로 낮추어 대추ㆍ은행ㆍ잣을
넣고 10분 정도 더 끓이다가 불을 끄
고 10분 정도 뜸을 들인다. 뜸이 충분히
들면 그릇에 담고 양념장과 함께 낸다.

비빔밥

비빔밥은 밥에 갖은 나물과 쇠고기 · 고명 · 약고추장을 넣어 만든 음식이다.

비빔밥은 제사 때 올린 음식을 나누어 음복(飮福)하는 풍습과 농촌에서 일할 때 여러 가지 반찬과

나물 · 고추장 등을 두루 넣고 비벼 간편히 먹는 데서 유래되었다고 한다.

'섞어 비빈 밥'이라는 뜻을 가진 비빔밥(汨董飯)은 궁중에서는 '골동반(骨董飯)'이라고도 했다.

재료 및 분량

멥쌀 2½컵(450g), 물 3컵(600g),
애호박 1개(300g), 소금 ½작은술(2g),
껍질 벗긴 도라지 200g, 소금 1작은술(4g),
쇠고기(우둔) 120g, 불린 고사리 200g,
달걀 2개(120g), 다시마 3g,
식용유 2큰술(26g)

양념장

간장 1큰술(18g),
설탕 ½큰술(6g), 다진 파 2작은술(9g),
다진 마늘 1작은술(5.5g),
깨소금 1작은술(2g),
후춧가루 ⅛작은술(0.3g),
참기름 1작은술(4g)

약고추장

고추장 5큰술(95g), 다진 쇠고기 20g,
다진 파 2작은술(9g),
다진 마늘 1작은술(5.5g),
설탕 1큰술(12g), 참기름 1½큰술(19.5g),
물 6큰술(90g)

Tip

• 비빔밥은 밥이 고슬고슬해야
  비벼 먹을 때 맛이 있다.

• 집에서 담근 고추장으로 약고추장을
  만들 때에는 기호에 따라 설탕을
  조금 더 넣는다.

• 비빔밥을 젓가락으로 비벼도
  잘 비벼진다.

만드는 법

1 멥쌀은 깨끗이 씻어 일어 물에 30
분 정도 불린다. 냄비에 멥쌀과 물을
붓고 센불에서 끓으면 4분 정도 더 끓이
다가, 중불로 낮추어 3분 정도 끓이고, 약
불로 낮추어 10분 정도 뜸을 들인다.

2 애호박은 길이 5~6cm로 자르고
돌려 깎아 폭 0.3cm 정도로 채 썰고
소금에 절여 물기를 닦는다. 도라지는
길이 5~6cm로 자르고 채 썰어 소금을 넣
고 주물러 물에 헹구어 물기를 짠다.

3 팬을 달구어 식용유를 두른 후 애
호박은 센불에서 30초 정도 볶아 식
힌다. 도라지는 중불에서 5분 정도 볶는
다. 달걀은 황백지단을 부쳐 채 썬다.

4 쇠고기는 핏물을 닦아 길이 6cm,
폭·두께 0.3cm 정도로 채 썰고 고
사리는 깨끗이 씻어 길이 5cm 정도로 썰
어 각각 양념장에 무친다.

5 팬을 달구어 식용유를 두르고, 쇠
고기와 고사리를 각각 3분 정도씩 볶
는다. 튀김팬에 식용유를 넣고 180℃ 정
도로 올려서 다시마를 넣고 중불에서 10
초 정도 튀겨서 굵게 부순다.

6 냄비에 다진 쇠고기·다진 파·
다진 마늘·참기름 ½량을 넣고 중
불에서 볶다가 고추장과 설탕, 참기름을
넣고 볶은 후 물을 붓고 더 볶아 약고추장
을 만든다. 밥을 그릇에 담고 준비한 재료
와 약고추장을 올린다.

장국밥

장국밥(醬湯飯)은 푹 끓인 쇠고깃국에 간장으로 간을 맞추고 밥을 넣고 말아서 먹는 음식이다.
장국밥은 제사를 지내고 자손들이 모여 음복(飲福)할 때에 탕과 나물들을
고루 나누어 먹은 데서 유래된 듯하다. 궁중에서는 큰 행사나 잔치 때에 동원된 군인이나 음악 · 춤 · 노래 등을
담당한 이들에게 장국밥을 내렸는데, 이는 한 그릇에 모두 담아내므로 여러 사람들에게
대접하기 편리한 음식이었기 때문이다.

멥쌀 2½컵(450g), 물 3컵(600g)

육수
쇠고기(사태) 200g, 무 1/5개(200g),
물 ½컵(2.4kg)

양념장①
청장 1작은술(6g), 다진 파 2작은술(9g),
다진 마늘 1작은술(5.5g),
후춧가루 ⅛작은술(0.3g)

양념장②
청장 ½큰술(9g), 다진 파 ½큰술(7g),
다진 마늘 1작은술(5.5g),
깨소금 1작은술(2g), 참기름 1작은술(4g)

불린 고사리 80g,
껍질 벗긴 도라지 80g,
소금 1작은술(4g)

콩나물 150g,
물 ½컵(100g),
소금 ¼작은술(1g)

식용유 1큰술(13g)

청장 1작은술(6g),
소금 ½큰술(6g)

Tip

• 장국밥에 채소들은 각각 양념하여
  볶아 넣어야 맛이 더 좋다.
• 콩나물은 오래 삶으면 질겨지므로
  적당히 익힌다.
• 밥과 국을 따로 먹기도 한다.

만드는 법

1 멥쌀은 깨끗이 씻어 일어서 30분
정도 불려 체에 밭쳐 10분 정도 물기
를 뺀다. 냄비에 멥쌀과 물을 붓고 센불
에서 끓으면 4분 정도 더 끓이다가, 중불
로 낮추어 3분 정도 끓이고, 쌀알이 퍼지
면 약불로 낮추어 10분 정도 뜸을 들인다.

2 쇠고기는 핏물을 닦고 냄비에 쇠
고기, 무와 물을 넣고 센불에서 끓으
면 중불로 낮추어 20분 정도 끓인다. 무
는 건져 내고 40분 정도 더 끓인 다음 쇠
고기를 건져 얇게 썰어서 양념장 ①로 양
념한다. 육수는 식혀서 면보로 거른다.

3 불린 고사리는 질긴 부분을 잘라
내고 깨끗이 씻어서 길이 6cm 정도
로 자른다. 도라지는 길이 6cm, 폭·두
께 0.3cm 정도로 썰어 소금을 넣고 2분
정도 주물러서 10분 정도 두었다가 물에
헹구어 물기를 꼭 짠다. 콩나물은 꼬리를
떼고 깨끗이 씻는다.

4 고사리와 도라지는 양념장 ②의
⅔량으로 각각 양념하여 팬을 달구
어 식용유를 두르고 중불에서 2분 정도
씩 볶는다. 냄비에 손질한 콩나물과 물·
소금을 넣고 센불에서 끓으면 중불로 낮
추어 3분 정도 삶아 나머지 양념장 ②로
양념한다.

5 냄비에 육수를 붓고 센불에서 끓으
면 양념장 ①과 ②로 양념한 쇠고기
와 무, 고사리, 도라지, 콩나물을 넣고 끓
으면 중불로 낮추어 5분 정도 더 끓인다.

6 청장과 소금으로 간을 맞추고 2분
정도 더 끓인 다음 그릇에 밥을 담고
장국을 붓는다.

김밥

김밥은 1960년 이후부터 먹기 시작한 음식으로 밥에 참기름과 소금으로 밑간을 한 후

김 위에 여러 가지 재료를 얹고 둥글게 말아서 만든다.

주로 나들이 갈 때 도시락이나 간식으로 간편하게 먹는다.

주재료인 '김'은 한국에서 가장 많이 소비되는 해조류의 하나로 오랫동안 즐겨 먹어 온 식품이다.

옛날에 새 며느리를 보면 제일 먼저 김을 재우게 하여 음식 솜씨를 알아보았다.

재료 및 분량

멥쌀 2컵(360g), 물 2½컵(500g)

당근 ¼개(50g), 소금 ¼작은술(1g),
오이 ½개(80g), 소금 ¼작은술(1g),
우엉 100g, 식용유 1큰술(13g),
단무지 70g, 달걀 2개(120g),
소금 ¼작은술(1g),
식용유 2큰술(26g),
다진 쇠고기 80g

김 4장(6g)

밥양념
소금 ¼큰술(3g), 참기름 1큰술(13g)

식초물
식초 1큰술(17g), 물 1컵(200g)

양념장①
간장 1½큰술(27g), 설탕 ½큰술(6g),
청주 1작은술(5g), 물 1큰술(15g)

양념장②
간장 2작은술(12g), 설탕 ½작은술(2g),
다진 파 ½작은술(2.3g),
다진 마늘 ¼작은술(1.4g),
깨소금 1작은술(2g), 후춧가루 0.1g,
참기름 ½작은술(2g)

Tip

• 어묵·계살·참치·김치·박고지
 등을 속 재료로 넣기도 한다.
• 맑은 국이나 된장국을 곁들여
 먹기도 한다.
• 김밥을 썰 때는 칼을 젖은 면보에
 닦으면서 썰거나 식용유를 발라 썰면
 잘 썰린다.

만드는 법

1 쌀을 깨끗이 씻어 일어 건져 30분
 정도 불렸다가 냄비에 분량의 물과
 함께 넣고 밥을 고슬고슬하게 지어 소금
 과 참기름을 넣고 잘 섞는다.

2 당근은 씻어 껍질을 벗기고 오이는
 소금으로 비벼서 씻고 길이 20cm 정
 도로 썰어서 씨 부분은 떼어 내고 소금
 을 각각 넣어 5분 정도 절인 후 물기를 닦
 는다. 단무지는 길이 20cm 정도로 썬다.

3 팬을 달구어 식용유를 두르고, 당근
 과 오이를 넣어 센불에서 각각 30초
 정도씩 볶는다. 달걀은 소금을 넣고 푼
 뒤 팬을 달구어 식용유를 두르고 두께 1cm
 정도로 앞면은 3분, 뒤집어서 2분 정도로
 부쳐 길이 20cm, 폭 1cm 정도로 썬다.

4 다진 쇠고기는 핏물을 닦고 양념
 장 ①로 양념한 후 중불에서 2분 정
 도 볶는다. 우엉은 깨끗이 씻어 껍질을
 벗겨 길이 20cm 정도로 썰어 식촛물에 담
 근 후, 팬을 달구어 식용유를 두르고 중불
 에서 볶다가 양념장 ②를 넣고 약불로 낮
 추어 더 볶는다.

5 김은 앞뒤로 약불에 10초 정도 살
 짝 굽는다. 김발 위에 김을 올리고
 밥을 고루 편 후 중앙에 당근과 오이,
 단무지, 우엉, 쇠고기, 달걀을 놓고 직경
 3~4cm 정도로 만다.

6 말아 놓은 김밥은 눌러 썰지 말
 고 칼로 톱질하듯이 가볍게 밀어 폭
 1.5cm 정도로 썬다.

국수장국

국수장국은 온면(溫麵)이라고도 하는데 가는 밀국수나 메밀국수를 더운 장국에 말아서
고명을 얹은 음식이다. 예로부터 생일이나 잔치 등 즐겁고 특별한 날에 손님들에게
반드시 국수로 대접을 하였다. 생일날 국수를 먹는 것은 국수처럼 오래오래 살라는 의미가 담겨 있으며
결혼식날 국수를 대접하는 것은 신랑 신부의 결연이 오래도록 이어지기를 기원하는 뜻에서이다.

재료 및 분량

국수(소면) 300g,
삶는 물 10컵(2kg),
끓을 때 붓는 물 1컵(200g)

육수
쇠고기(사태) 200g,
물 12컵(2.4kg)

향채
파 40g, 마늘 20g

애호박 ½개(150g),
소금 ¼작은술(1g)

달걀 1개(60g)

실고추 0.1g

식용유 1큰술(13g)

청장 1큰술(18g),
소금 ½큰술(6g)

Tip

• 국수를 삶을 때 중간 중간에 찬물을
  붓고 끓이면 면발이 쫄깃하다.

• 삶은 국수를 장국에 한번 담가
  토렴하여 건져서 사용하면 따뜻하고
  간이 들어 맛이 더 있다.

• 쇠고기를 채 썰어 양념하여 볶아
  고명으로 얹기도 하고 김을 구워
  얹기도 한다.

만드는 법

1 쇠고기는 면보로 핏물을 닦고 파
와 마늘은 깨끗이 손질하여 씻는다.

2 냄비에 쇠고기와 물을 붓고 센불
에서 끓으면 중불로 낮추어 40분 정
도 끓인 다음 향채를 넣고 20분 정도 더
끓인다. 쇠고기는 건져서 채 썰고 국물은
걸러 육수를 만든다.

3 애호박은 씻어서 5cm 길이로 어슷
썰고 채 썬다. 달걀은 황백지단을 부
쳐 길이 4cm, 폭·두께 0.2cm 정도로 채
썰고 실고추는 길이 1cm 정도로 자른다.

4 채 썬 호박은 소금을 넣고 10분 정
도 절였다가 물기를 닦은 후 팬을 달
구어 식용유를 두르고 중불에서 30초 정
도 볶는다.

5 센불에서 물이 끓으면 국수를 넣
고 삶다가 끓어오르면 ½컵의 물을
붓고 다시 끓어오르면 나머지 물을 부어
끓인다. 삶아진 국수를 물에 비벼 씻어 사
리를 만들고 채반에 건져 물기를 뺀다.

6 냄비에 육수를 붓고 센불에서 끓
으면 청장과 소금으로 간을 맞추고 2
분 정도 끓여 장국을 만든다. 그릇에 국
수를 담아 육수를 붓고 쇠고기, 애호박,
황백지단과 실고추를 얹는다.

해물칼국수

해물칼국수는 칼로 썬 국수에 갖가지 해물을 넣고 끓인 음식이다.
밀가루를 직접 반죽하여 밀어 칼로 썬 국수라 하여 칼국수라 하는데,
예로부터 밀 수확이 끝난 직후인 음력 6월 15일(유두)이면 햇밀로 칼국수를 만들어
이웃과 함께 나누어 먹는 풍습이 있었다. 칼국수의 육수는 사용하는 재료에 따라 맛이 다양한데
멸치 육수나 닭고기 육수, 쇠고기 육수에 넣고 끓여 내는 방법이 있다. 또한 면을 반죽할 때
달걀을 넣거나 콩가루를 넣고 섞어 반죽하여 별미의 칼국수를 만들기도 한다.

밀가루 2컵(190g),
소금 ½작은술(2g),
달걀 1개(60g), 물 ¼컵(50g)

밀가루(덧가루) 2큰술(14g)

감자 ¼개(50g), 호박 1/6개(50g),
새우 50g, 굴 30g, 물 1½컵(300g),
소금 ¼작은술(1g)

바지락 200g, 물 3컵(600g),
소금 ½큰술(6g)

다진 마늘 1작은술(5.5g), 파 20g

칼국수 국물
물 11컵(2.2kg), 무 50g,
멸치 30, 마른 새우 10g, 다시마 20g
청장 ½작은술(3g), 소금 1작은술(4g)

Tip

• 밀가루 반죽에 콩가루를 넣기도 한다.
• 해물은 너무 오래 끓이면 질겨진다.
• 굴은 너무 일찍 넣으면 맛도 없고
  국물이 검게 된다.
• 양념간장을 함께 내기도 한다.

만드는 법

1 칼국수 국물용 무는 손질하여 깨
끗이 씻는다. 멸치는 내장을 떼어 낸
뒤 팬을 달구어 중불에서 2분 정도 볶고
다시마는 면보로 닦는다.

2 밀가루에 소금과 달걀, 물을 붓고
반죽하여 30분 정도 젖은 면보에 싸
두었다가 밀대로 두께 0.2cm 정도로 밀
어 덧가루용 밀가루를 뿌린 후 접어서 썬다.

3 새우와 굴은 소금물로 살살 흔들
어 씻어 체에 받쳐 물기를 빼고 바지
락은 소금물에 30분 정도 담가 해감 시
킨 다음 깨끗이 씻는다.

4 감자는 깨끗이 씻은 후 두께
0.5cm 정도로 반달 모양으로 썰고
애호박은 씻어서 길이로 반을 잘라 두께
0.5cm 정도로 반달 모양으로 썬다. 파는
깨끗이 씻어 어슷썬다.

5 냄비에 칼국수 국물용 물을 붓고
무와 멸치, 마른 새우를 넣어 센불에
서 끓으면 중불로 낮추어 10분 정도 더
끓인다. 다시마를 넣고 불을 끄고 5분 후
에 국물은 체에 받쳐 거른 후 청장과 소금
으로 간을 맞춘다.

6 냄비에 칼국수 국물을 붓고 센불
에서 바지락과 새우, 감자를 넣고 끓
으면 칼국수와 애호박을 넣는다. 5분 정
도 끓인 후 굴과 다진 마늘, 파를 넣고 2분
정도 더 끓인다.

콩국수

콩국수는 불린 흰콩을 삶아 껍질을 벗기고 곱게 갈아 만든 콩국에 국수를 삶아 넣고 만든 음식이다.

영양가가 풍부하고 시원하기 때문에 지치기 쉬운 여름에 즐겨 먹는 별미 음식이다.

깨와 땅콩 등의 견과류를 콩과 함께 넣고 갈아서 콩국을 만들기도 하며

황해도 지방에서는 질이 좋은 수수가 많이 나므로 수수경단을 만들어서 콩국에 띄우기도 한다.

이 경단(瓊團)은 수수가루에 소금을 약간 넣고 반죽하여 동글납작하게 빚어 끓는 물에 삶아

냉수에 헹군 다음 콩국에 띄워 넣고 시원하게 먹는다.

재료 및 분량

흰콩 1¼컵(200g),
삶는 물 4컵(800g)

콩가는 물 4½컵(900g),
소금 1큰술(12g)

국수(소면) 350g,
삶는 물 10컵(2kg),
끓을 때 붓는 물 1컵(200g)

오이 ⅓개(70g),
토마토 ½개(100g)

Tip

• 콩을 불릴 때 여름에는 5시간,
겨울에는 8시간 정도 불린다.

• 콩을 삶을 때 덜 삶으면 콩
비린내가 나고 너무 삶으면
메주콩 냄새가 난다.

• 삶은 콩은 아주 곱게 갈아야
고소하고 부드럽다.

만드는 법

1 냄비에 불린 콩과 삶는 물을 붓고
센불에서 끓으면 7분 정도 삶는다.

2 삶은 콩은 손으로 비벼 씻어서 껍
질을 벗긴다.

3 믹서에 삶은 콩과 콩가는 물을 붓
고 2분 정도 곱게 갈아서 체에 밭친
후 소금을 넣어 콩국물을 만든다.

4 오이는 소금으로 비벼 깨끗이 씻어
길이 5cm 정도로 채 썰어 물에 10분
정도 담가 체에 밭친다. 토마토는 길이
로 반을 갈라서 두께 2cm 정도로 썬다.

5 냄비에 물을 붓고 센불에서 끓으
면 국수를 넣고 삶다가 끓어오르면
½컵의 물을 붓고 다시 끓어오르면 나머
지 물을 부어 끓인다.

6 삶은 국수는 흐르는 물에 비벼 씻
어서 사리를 만들고 채반에 올려 물
기를 뺀다. 그릇에 담고 콩국물을 부은
후 오이와 토마토를 얹는다.

물냉면

물냉면은 삶은 메밀국수에 무김치 · 오이절임 · 배 · 편육 등의 고명을 얹고
육수에 말아 먹는 음식이다. 물냉면은 차갑게 해서 시원하게 먹는데
요즘엔 더운 여름철에 즐겨 먹지만 원래는 겨울철에 먹는 음식이었다.
물냉면은 메밀에 전분을 조금 넣고 면을 만들어 면발이 굵고 쉽게 끊기며
국물이 시원하고 새콤달콤하여 감칠맛이 나는 것이 특징이다.

재료 및 분량

냉면국수(마른 것) 360g,
삶는 물 15컵(3kg)

육수

쇠고기(양지머리) 300g, 물 11컵(2.2kg),
소금 1작은술(4g)

향채

파 20g, 마늘 20g

오이 ¼개(50g), 소금 ¼작은술(1g)

무 절이는 양념

무 100g, 소금 ¼작은술(1g),
설탕 ½작은술(2g),
고운 고춧가루 ½작은술(1.1g),
식초 1큰술(15g)

배 ⅓개(100g), 물 ½컵(100g),
설탕 1작은술(4g)

달걀 2개(120g), 삶는 물 5컵(1kg)

잣 1큰술(10g)

양념장

청장 ½큰술(9g), 소금 2큰술(24g),
설탕 2큰술(24g), 식초 3큰술(45g),
발효겨자 ½큰술(6.5g)

Tip

• 냉면국수는 삶아서 맑은물이
  나오도록 비벼 행궈야
  매끈하고 쫄깃하다.
• 냉면 육수는 완전히 식은 다음에
  면보에 걸러야 국물이 맑다.
• 냉면 육수에 동치미 국물을
  섞어도 좋다.

만드는 법

1 쇠고기는 면보로 핏물을 닦고 향
채는 손질하여 깨끗이 씻는다.

2 냄비에 쇠고기와 물을 붓고 센불
에서 끓으면 중불로 낮추어 1시간 정
도 끓이다가 향채를 넣고 약불에서 30분
정도 더 끓인다. 쇠고기는 건져 식혀서 썰
어 편육을 만든다.

3 육수는 식혀 면보에 걸러서 청장
과 소금, 설탕, 식초, 발효겨자를 넣
고 간을 한다.

4 물이 끓으면 냉면국수를 넣고 2분
정도 삶아 물에 비벼 씻어 사리를 만
들고 채반에 올려 물기를 뺀다.

5 오이는 소금으로 비벼 씻고 길이
로 2등분하여 어슷썰고 소금에 절인
다. 무는 씻어 길이 5cm, 폭 1.5cm, 두
께 0.2cm 정도로 썰고 무절이는 양념을
넣고 절인다. 배는 껍질을 벗겨 반달 모양
으로 썰어 설탕물에 담근다. 잣은 고깔을
뗀다.

6 그릇에 면을 담고 준비한 편육과
오이, 무, 배, 삶은 달걀, 잣 등을 얹
고 차게 식힌 육수를 붓는다.

비빔냉면

비빔냉면은 맵고 진한 비빔장에 냉면국수를 넣고 비벼 먹는 음식이다.
비빔냉면 위에는 생선회를 얹어 내기도 하는데 함경도 지방의 향토 음식이라 하여
함흥냉면이라고도 한다. 냉면은 영하의 추운 겨울에 먹어야 참맛을 느낄 수 있다는데
이것을 '이냉치냉(以冷治冷)'이라 한다.

재료 및 분량

냉면국수(마른 것) 600g,
삶는 물 15컵(3kg)

쇠고기 100g

무 100g, 소금 ½작은술(2g),
설탕 ½큰술(6g), 식초 ½큰술(7.5g)

오이 ¼개(50g), 소금 ½작은술(2g)

배 ½개(100g), 물 ½컵(100g),
설탕 1큰술(4g)

달걀 2개(120g), 삶는 물 5컵(1kg),
소금 1작은술(4g)

양념장 ①

간장 ½큰술(9g), 설탕 ½작은술(2g),
다진 파 ½작은술(2.8g),
다진 마늘 ¼작은술(1.4g),
후춧가루 ⅛작은술(0.3g),
깨소금 ½작은술(1g), 참기름 ½작은술(2g)

양념장 ②

소금 1½큰술(18g), 설탕 3큰술(36g),
다진 마늘 1큰술(16g), 배 ½개(250g)
양파 1/5개(30g), 마른 홍고추 2½개(10g),
고춧가루 4큰술(28g), 식초 6큰술(90g)

Tip

• 비빔냉면은 냉면국수에 양념장을
  넣고 미리 비벼서 내놓기도 한다.

• 비빔국수의 양념장은 만들어 바로
  비비는 것보다 미리 만들어 숙성시켜
  쓰면 더 맛이 있다.

• 양념장은 기호에 따라 고춧가루
  대신 고추장을 쓸 수도 있고
  고춧가루와 고추장을 섞어 쓸 수도
  있다.

만드는 법

1 쇠고기는 면보로 핏물을 닦아 곱
   게 다져 양념장 ①을 넣고 양념한 후
팬을 달구어 중불에서 2분 정도 볶는다.

2 무는 손질하여 깨끗이 씻고 길이
   6cm, 폭 1.5cm, 두께 0.2cm 정도로
썰어 소금과 설탕, 식초에 절인다. 오이는
씻어 길이로 2등분하여 길이 4cm, 두께
0.2cm 정도로 어슷썰고 소금에 절였다가
물기를 뺀다.

3 배는 껍질을 벗겨서 반달모양으로
   썰어 설탕물에 5분 정도 담가 둔다.
냄비에 달걀과 물, 소금을 넣고 센불에
서 끓으면 중불로 낮추어 12분 정도 삶아
껍질을 벗기고 길이로 2등분한다.

4 양념장 ②에 들어갈 배와 양파는
   손질하여 씻고 마른홍고추는 면보로
닦아 어슷썬다. 믹서에 고춧가루와 식초
를 뺀 양념장 ②의 재료를 넣어 갈아서 고
춧가루와 식초를 넣고 섞어 양념장 ②를
만든다.

5 냄비에 물을 붓고 센불에서 끓으
   면 냉면국수를 넣고 2분 정도 삶아
물에 비벼 씻어서 사리를 만들고 채반에
올려 물기를 뺀다.

6 그릇에 냉면국수를 담고 쇠고기와
   무, 오이, 배, 달걀, 양념장 ②를 얹
는다.

만둣국

만둣(饅頭)국은 쇠고기 육수에 만두를 넣어 끓인 음식으로 북쪽 지방에서
설날에 즐겨 먹던 음식이다. 만두는 육류와 두부·김치 등의 다양한 재료로 소를 만들어
밀가루로 반죽한 만두피에 올려 빚은 음식으로 복(福)을 싸서 먹는다는 의미 때문에
설에 많이 만들어 먹는다. 만두는 조선 영조 때의 학자인 이익(李瀷, 1629~1690)의 글에
나오는 것으로 보아 조선 중기 이전에 중국에서 들어온 것으로 추정된다.

숙주 200g, 물 5컵(1kg),
소금 ½작은술(2g)

배추김치 160g,
다진 쇠고기(우둔) 160g, 두부 ⅓모(160g)

미나리 초대
미나리 15g, 밀가루 ½큰술(3.5g),
달걀 1개(60g), 식용유 1큰술(13g)

청장 ½큰술(9g), 소금 1작은술(4g)

육수
쇠고기(사태) 300g, 물 11컵(2.2kg)

향채
파 40g, 마늘 4쪽(20g)

만두피 반죽
밀가루 1½컵(143g),
소금 ½작은술(2g), 물 4~5큰술(60~75g)

만두소양념
소금 1작은술(4g), 다진 파 2작은술(9g),
다진 마늘 1작은술(5.5g), 깨소금 1큰술(6g),
후춧가루 ⅛작은술(0.3g),
참기름 1큰술(13g)

초간장
간장 1큰술(18g), 식초 1큰술(15g),
물 1큰술(15g)

Tip

• 만두소는 쇠고기 대신 돼지고기를
 사용하기도 한다.
• 만두소 재료를 너무 꼭 짜면
 수분이 없어 부드럽지 않고
 맛이 없다.
• 만두피 반죽을 너무 되게 만들면
 뻣뻣하고 부드럽지 않다.

만드는 법

1 냄비에 육수용 쇠고기와 물을 붓
고 센불에서 끓으면 중불로 낮추어
30분 정도 끓이다가 향채를 넣고 20분
정도 더 끓인다. 쇠고기는 건지고 국물은
식혀서 면보에 걸러 육수를 만든다.

2 밀가루는 소금과 물을 넣고 반죽
하여 젖은 면보에 싸서 30분 정도 둔
다. 달걀은 황백지단을 부치고, 미나리
는 초대를 부쳐 길이 2cm 정도의 마름모
꼴로 썬다.

3 꼬리를 뗀 숙주는 깨끗이 씻고 끓
는 물에 소금을 넣고 데친 후 물기를
빼고 0.5cm 크기 정도로 썬다. 배추김
치는 곱게 다져서 물기를 꼭 짠다. 두부는
물기를 짜서 곱게 으깬다.

4 숙주와 다진 쇠고기·김치·두부
를 한데 섞고 만두소 양념으로 양념
하여 만두소를 만든다. 초간장을 만든다.

5 만두피 반죽은 밀대로 두께 0.2cm
정도로 밀어 직경 7~8cm로 둥글게
만든다. 만두소를 넣어 반으로 접어 붙
이고, 양쪽 끝은 서로 맞붙여 둥글게 만두
를 빚는다.

6 냄비에 육수를 붓고 끓으면 청장
과 소금을 넣어 만두를 넣고 끓인다.
만두가 떠오르면 중불로 낮추어 4분 정
도 더 끓인다. 그릇에 담고 황백지단과 미
나리 초대를 얹어 초간장과 함께 낸다.

편수

편수(片水)는 정사각형의 만두피에 채소와 쇠고기를 소로 넣고 네모지게 빚어 찐 다음

차게 식혀 먹거나 시원한 장국에 띄워 먹는 여름 별미 음식이다.

물 위에 조각이 떠 있는 모양이라고 하여 '편수'라는 이름이 붙었는데 '변씨만두'라고도 한다.

일반적으로 만두는 만두피에 육류나 채소로 만든 소를 넣고 싸서 찌거나 삶은 음식으로

계절에 따라 별미로 다양하게 먹었는데 추운 겨울철 별미 만두는 고기만두가 으뜸이고

여름철 만두로는 편수와 해삼 모양으로 빚은 '규아상'이 으뜸이다.

숙주 250g, 물 5컵(1kg),
소금 ½작은술(2g)

애호박 ½개(150g),
소금 ¼작은술(1g),
다진 쇠고기(우둔) 150g,
표고버섯 3장(15g), 잣 1큰술(10g)
찌는 물 10컵(2kg)

미나리 15g, 밀가루 ½큰술(3.5g),
달걀 1개(60g),
식용유 1큰술(13g)

육수
쇠고기(양지머리) 200g,
물 10컵(2kg), 청장 ½큰술(9g),
소금 2작은술(8g)

향채
파 40g, 마늘 20g

만두피 반죽
밀가루 2컵(190g), 소금 ½작은술(2g),
물 6큰술(90g)

양념장
간장 1큰술(18g), 설탕 1작은술(4g),
다진 파 1작은술(4.5g),
다진 마늘 ½작은술(2.8g),
후춧가루 ⅛작은술(0.3g),
깨소금 1작은술(2g), 참기름 1작은술(4g)

초간장
간장 1큰술(18g), 식초 1큰술(15g),
물 1큰술(15g), 잣가루 ½큰술(3g)

Tip
• 만두피는 얇게 밀어서 소가
  보이도록 하는 것이 좋다.
• 편수는 쪄서 육수 없이 초간장을
  찍어 먹기도 한다.

만드는 법

1 육수용 쇠고기는 핏물을 닦고 향
   채는 손질하여 깨끗이 씻는다. 냄비
에 쇠고기와 물을 붓고 센불에서 끓으면
중불로 낮추어 30분 정도 끓이다가 향채
를 넣고 20분 정도 더 끓인다. 쇠고기는
건지고 육수는 식혀서 면보에 걸러 청장
과 소금으로 간하여 육수를 만든다.

2 밀가루에 소금과 물을 붓고 반죽
   하여 젖은 면보에 싸서 30분 정도 싸
두었다가 밀대로 밀어 가로·세로 7cm
정도로 썰어 만두피를 만든다. 잣은 고깔
을 떼고 달걀은 황백지단으로 부친다. 미
나리 초대를 부쳐 마름모꼴로 썰고 초간
장을 만든다.

3 쇠고기는 핏물을 닦고 표고버섯은
   물에 불려 기둥을 떼고 각각 양념한
다. 애호박은 3cm 길이로 채 썰고 소금
에 절인다. 숙주는 꼬리를 떼고 끓는 물에
데쳐 1cm 길이로 썬다.

4 팬을 달구어 식용유를 두르고 소금
   에 절여 물기를 뺀 애호박을 센불에
서 10초 정도 볶아 식힌다. 팬을 달구어
식용유를 두르고 쇠고기와 표고버섯을 넣
고 중불로 낮추어 각각 3분 정도 볶는다.

5 숙주와 애호박, 쇠고기, 표고버섯
   을 함께 넣고 섞어 편수 소를 만든
다. 만두피 가운데에 편수 소를 놓고 잣
을 2개씩 넣어 네 귀를 한데 모아 붙여서
네모지게 만든다.

6 찜기에 물을 붓고 센불에 올려 끓
   으면 젖은 면보를 깔고 편수를 얹어
5분 정도 찐다. 그릇에 편수와 육수를 붓
고 황백지단과 미나리 초대를 올려 초간
장과 함께 낸다.

어만두

어만두(魚饅頭)는 흰살 생선인 민어나 도미·광어·숭어 등의 살을 전유어감으로 얇게 떠서
만두피를 만들어 소를 넣고 빚어 녹말을 씌워서 찌거나 삶은 음식이다.
담백하고 고소한 흰살 생선을 만두피로 사용해 그 맛이 특별한 어만두는
본래는 곡우절(穀雨節)에 증편·개피떡·어채 등과 같이 먹는 여름철 음식이었지만
요즘은 계절을 가리지 않고 특별한 날에 먹는다.

흰살 생선살(민어·대구) 3장(700g),
소금 ½작은술(2g),
흰후춧가루 ⅛작은술(0.3g)

어만두소
다진 쇠고기(우둔) 70g,
표고버섯 3장(15g), 목이버섯 4g
오이 ½개(100g), 소금 ¼작은술(1g),
숙주 100g, 물 5컵(1kg),
소금 ½작은술(2g)

녹말 1컵(60g), 잣 2작은술(7g),
식용유 1큰술(13g), 찌는 물 10컵(2kg)

양념장
간장 ½큰술(9g), 설탕 ½작은술(2g),
다진 파 ½작은술(2.3g),
다진 마늘 ¼작은술(1.4g),
깨소금 ½작은술(1g),
후춧가루 ⅛작은술(0.3g),
참기름 ½작은술(2g)

초간장
간장 1큰술(18g), 식초 1큰술(15g),
물 1큰술(15g), 잣가루 1작은술(2g)

겨자즙
발효겨자 ½큰술(6.5g), 소금 ½작은술(2g),
설탕 1작은술(4g), 꿀 ½큰술(9.5g)
식초 1큰술(15g), 육수 15g(또는 물 1큰술)

Tip

• 생선포는 되도록 얇게 떠야 어만두의
  모양이 예쁘고 만들기 쉽다.
• 어만두의 소를 많이 넣으면 터지기
  쉬우므로 적당히 넣는다.
• 너무 오래 찌면 터지기 쉬우므로
  찌는 시간에 유의한다.

만드는 법

1 생선살은 가로·세로 7cm, 두께
0.3cm 정도로 저며 썰어서 소금과
흰후춧가루를 뿌려 10분 정도 두었다가
물기를 닦는다.

2 다진 쇠고기는 핏물을 닦고 표고
버섯과 목이버섯은 물에 불려 표고
버섯은 기둥을 떼고 길이 2cm 정도로 채
썰고 목이버섯은 잘게 뜯어 양념장에 각
각 양념한다.

3 오이는 소금으로 깨끗이 비벼 씻
어 길이 2cm 정도로 채 썰고 소금을
넣어 10분 정도 절인 후 물기를 닦는다.
숙주는 꼬리를 떼어 내고 씻는다.

4 팬을 달구어 식용유를 두르고 센
불에서 오이를 넣고 10초 정도 볶아
식힌다. 냄비에 물을 붓고 센불에서 끓
으면 소금과 숙주를 넣고 데쳐서 물기를
빼고 길이 0.5cm 정도로 썬다.

5 쇠고기와 표고버섯, 목이버섯, 오
이, 숙주를 함께 넣고 섞어 어만두
소를 만든다. 포를 뜬 흰살생선은 물기
를 닦아 안쪽에 녹말을 묻히고 어만두 소
를 놓고 잣을 2개씩 넣어 동그랗게 싸서
겉에 녹말을 묻힌다.

6 찜기에 물을 붓고 센불에서 끓으
면 젖은 면보를 깔고 어만두를 올려
5분 정도 찐다. 그릇에 담고 초간장과 겨
자즙을 함께 낸다.

떡국

떡국(餠湯)은 쇠고기 육수에 어슷하게 썬 떡을 넣고 끓여 편육과 황백지단으로
고명을 올려 내는 음식이다. 새해 첫날 아침에 가래떡으로 떡국을 끓여 먹는데
길게 늘여서 만드는 가래떡은 '재산이 쭉쭉 늘어나라'는 축복의 의미를 담고 있다.
또한 이 가래떡을 옛날 화폐인 엽전처럼 둥글게 썰어 새해에 재화가 풍족하기를 소망했다.
설날에는 자신의 집안은 물론 세배 손님에게까지 떡국을 대접하여 재물이 풍성하기를 기원해 주었다.

흰떡 600g, 파 20g,
달걀 1개(60g),
실고추 1g,
청장 1작은술(6g),
소금 ½큰술(6g)

육수
쇠고기(사태) 300g, 물 11컵(2.2kg)

향채
파 20g, 마늘 10g

양념장
청장 ½작은술(3g), 다진 파 ¼작은술(1.1g),
다진 마늘 ¼작은술(1.4g),
후춧가루 0.1g

Tip

• 육수는 사골을 푹 고아서 만들거나
 사골 · 양지머리 · 사태 등을 함께
 넣고 오랫동안 고아서 만들기도 한다.

• 고기 산적을 만들어 고명으로
 얹기도 한다.

• 육수에 흰떡을 넣고 너무 오래
 끓이면 흰떡이 풀어져서 국물이
 걸쭉하게 되므로 끓이는 시간에
 유의한다.

만드는 법

1 쇠고기는 면보로 핏물을 닦고 향
  채는 손질하여 깨끗이 씻는다.

2 냄비에 쇠고기와 물을 붓고 센불
  에서 끓으면 중불로 낮추어 30분 정
  도 끓인 후 향채를 넣어 20분 정도 더 끓
  여 쇠고기는 건지고 국물은 식혀서 육수
  를 만든다.

3 흰떡은 길이 4cm, 두께 0.2cm 정
  도로 어슷썰고 파는 깨끗이 씻어 어
  슷썬다. 달걀은 황백지단을 부쳐 마름
  모꼴로 썰고 실고추는 길이 2cm 정도로
  자른다.

4 건져놓은 쇠고기는 길이 5cm, 폭
  · 두께 0.5cm 정도로 결대로 찢어
  양념장으로 양념한다.

5 냄비에 육수를 붓고 센불에서 끓
  으면 흰떡을 넣는다. 떡이 익어 떠
  오르면 파를 넣고 청장과 소금으로 간을
  하여 2분 정도 더 끓인다.

6 그릇에 떡국을 담고 쇠고기와 황
  백지단, 실고추를 고명으로 얹는다.

콩죽

콩죽(豆太粥)은 불린 콩을 갈아서 쌀을 넣고 끓인 음식으로 맛이 고소하고 부드러우면서도
영양가가 풍부하다. 쌀을 주식으로 하는 한국 사람들에게 콩은 훌륭한 단백질 공급원으로
다양하게 조리되었다. 우리나라 콩의 역사는 매우 오래된 것으로 추정된다.
콩의 원산지는 만주로 알려져 있는데, 이곳은 고대 한민족 맥족(貊族)의 발생 지역으로,
결국 콩의 원산지는 한국이라고 할 수 있다.

재료 및 분량

흰콩 1컵(160g),
삶는 물 8컵(1.6kg),
가는 물 4컵(800g)

멥쌀 ¾컵(135g),
물 5컵(1kg)

소금 2작은술(8g)

Tip

• 콩을 너무 오래 삶으면
메주콩 냄새가 나고 덜 삶으면
비린내가 난다.

• 콩죽은 타기 쉬우므로 주걱으로
잘 저어가며 끓인다.

만드는 법

1 멥쌀은 깨끗이 씻어 일어서 물에
2시간 정도 불리고 흰콩도 깨끗이
씻어 일어 물에 8시간 정도 불린다.

2 냄비에 흰콩과 물을 붓고 센불에
올려 끓으면 7분 정도 삶는다.

3 삶은 콩은 손으로 비벼 씻어 껍질
을 벗긴다.

4 믹서에 콩과 물을 부어 곱게 간다.

5 냄비에 멥쌀과 물을 붓고 센불에
서 끓으면 중불로 낮추어 뚜껑을 덮
고 가끔 저으면서 30분 정도 끓인다.

6 죽이 어우러지면 갈아 놓은 콩물
을 붓고 10분 정도 더 끓여 소금으로
간을 맞추어 2분 정도 더 끓인다.

팥죽

팥죽(赤豆粥)은 팥을 푹 삶아 체에 내린 후 멥쌀을 넣고 끓인 음식이다.

일 년 중 밤의 길이가 가장 긴 동짓(冬至)날 먹는데 이 날 팥죽을 먹으면 팥죽의 붉은색이

악귀를 쫓아 잔병을 없애고 건강해지며 액(厄)을 면할 수 있다고 믿었다.

팥죽 속에 찹쌀로 새알심을 만들어 넣어 나이 수대로 먹기도 하였다.

멥쌀 ½컵(90g)

붉은팥 1⅓컵(220g),
데치는 물 4컵(800g)

삶는 물 12컵(2.4kg)

소금 1작은술(4g)

새알심

찹쌀가루 1컵(100g),
소금 ⅛작은술(0.5g),
끓는 물 1½큰술(23g)

Tip

• 붉은팥은 푹 삶아야 죽의 색이
  진하고 부드럽다.

• 팥죽을 끓일 때 타기 쉬우니
  잘 저으면서 끓인다.

• 팥 삶은 물이 적으면 물을 보충해서
  팥죽물의 양을 맞춘다.

만드는 법

1 멥쌀은 깨끗이 씻어 일어서 물에
2시간 정도 불린 후 체에 밭쳐 물기
를 빼고, 붉은팥은 깨끗이 씻어 일어서
체에 밭쳐 물기를 뺀다.

2 냄비에 붉은팥과 데치는 물을 붓
고 3분 정도 끓으면 팥삶은 물을 버
리고 다시 팥 삶는 물을 붓고 센불에서
끓으면 중불로 낮추어 팥이 무르도록 1시
간 20분 정도 삶는다.

3 삶은 붉은팥은 뜨거울 때 체에 넣
고 나무주걱으로 으깨어 내리고 팥
물은 30분 정도 두어 앙금을 가라앉혀 4
컵의 팥앙금웃물을 만든다.

4 찹쌀가루에 소금을 넣고 끓는 물
로 익반죽하여 직경 1.5cm 정도의
크기로 동그랗게 새알심을 만든다.

5 냄비에 불린 멥쌀과 팥앙금웃물을
붓고 센불에서 끓으면 중불로 낮추
어 가끔 저으면서 20분 정도 끓인다.

6 쌀알이 퍼지면 팥앙금을 넣고 끓
으면 10분 정도 더 끓인 다음 새알심
을 넣는다. 새알심이 익어서 떠오르면 소
금으로 간을 맞추고 2분 정도 더 끓인다.

잣죽

잣죽(松子仁粥)은 껍질 벗긴 잣과 멥쌀을 곱게 갈아서 한데 쑨 음식이다.

향기가 좋고 부드러운 잣죽은 옛날 궁중에서 임금님이 즐겨 드신 죽으로

지금도 남녀노소 가리지 않고 선호하는 음식이다.

주재료인 잣은 단백질과 불포화 지방산이 많이 들어 있어 견과류 중에 으뜸으로 꼽힌다.

재료 및 분량

멥쌀 1컵(180g),
물 1컵(200g)

잣 ¾컵(90g),
물 ½컵(100g)

물 2½컵(500g)

소금 ⅛작은술(1g)

Tip

• 쌀과 잣을 같이 갈거나 또는
죽을 끓일 때 지나치게 젓거나
소금 간을 미리하면 잣죽이 삭아서
묽게 되는 경우가 있으니 주의한다.

• 잣죽 쑬 때 물을 많이 사용하면
죽이 묽어진다.

1 멥쌀은 깨끗이 씻어 일어서 물에 2시간 정도 불려 체에 밭쳐 물기를 뺀다. 믹서에 멥쌀과 물을 넣고 2분 정도 갈아서 고운체에 내린다.

2 잣은 고깔을 떼고 면보로 닦은 후 믹서에 물과 함께 붓고 2분 정도 갈아서 고운체에 내린다.

3 냄비에 갈아 놓은 멥쌀물과 물을 붓고 센불에 올려 멍울이 생기지 않도록 저으면서 끓인다.

4 끓기 시작하면 중불로 낮추어 뚜껑을 덮고 가끔 저으면서 15분 정도 끓이다가 갈아 놓은 잣물을 붓고 5분 정도 더 끓인다.

5 죽이 어우러지면 소금으로 간을 맞추고 2분 정도 더 끓인다.

6 잘 끓여진 잣죽은 그릇에 담고 소금을 곁들여 낸다.

호박죽

호박죽(瓠粥)은 호박을 푹 쪄서 체에 내린 후 팥과 강낭콩, 새알심을 넣고 끓인 음식이다.

겨울철 부족하기 쉬운 비타민 A가 풍부하게 들어 있는 호박으로 만든 죽은

'동짓날 호박을 먹으면 중풍에 걸리지 않는다.'는 말이 전해 내려올 정도로

겨울철 필수 음식이다.

단호박 ½개(700g),
찌는 물 5컵(1kg),
가는 물 2컵(400g)

붉은팥 25g,
데치는 물 1컵(200g),
삶는 물 4컵(800g)

강낭콩 15g,
물 4컵(800g)

찹쌀가루 1컵(100g),
물 ¾컵(150g)

물 2½컵(500g),
설탕 3큰술(36g),
소금 1작은술(4g)

새알심
찹쌀가루 ¾컵(75g),
소금 ⅛작은술(0.5g),
끓는 물 1⅓큰술(20g)

Tip

• 호박과 찹쌀가루의 비율은
  기호에 따라 가감 한다.
• 새알심은 기호에 따라
  넣지 않을 수도 있다.
• 호박을 찔 때 너무 오래 찌면
  노란색이 어두워지므로 시간에
  유의한다.

만드는 법

1 단호박은 깨끗이 씻어 2등분 해 속
을 긁어낸 다음 찜기에 물을 넣고 센
불에서 15분 정도 찐다.

2 쩌진 단호박 과육을 긁어내어 믹
서에 곱게 간다. 찹쌀가루에 물을 붓
고 멍울이 없이 풀어 놓는다.

3 냄비에 붉은팥과 삶는 물을 붓고
센불에서 끓으면 중불로 낮추어 15
분 정도 삶다가 약불에서 팥이 터지지
않을 정도로 삶는다. 강낭콩도 30분 정도
삶는다.

4 찹쌀가루에 소금을 넣고 끓는 물
로 익반죽하여 많이 주물러 치대서
직경 1.5cm 정도의 크기로 새알심을 만
든다.

5 냄비에 갈아 놓은 단호박물과 물
을 붓고 센불에 올려 끓으면 풀어 놓
은 찹쌀가루물을 붓고 중불로 낮추어 멍
울이 생기지 않도록 저어 주면서 5분 정도
끓인다.

6 약불로 낮추어 뚜껑을 덮고 가끔
저어 가면서 20분 정도 끓이다가 팥
과 강낭콩을 넣고 끓어오르면 새알심을
넣고 새알심이 익어서 떠오르면 설탕과 소
금으로 간을 맞추고 2분 정도 더 끓인다.

장국죽

장국죽(醬湯粥)은 불린 멥쌀을 굵게 찧어 쇠고기와 표고버섯을 넣고 끓인 죽이다.

간장으로 간을 맞춘다 하여 장국죽이라 하는데 단백질이 풍부하여

회복기 환자나 노약자에게 좋은 음식이다.

멥쌀 1컵(180g)

쇠고기(우둔) 50g,
표고버섯 2장(10g),
참기름 ½큰술(6.5g)

물 7컵(1.4kg),
청장 ⅘큰술(12g),
소금 ½작은술(2g)

양념장
간장 ½큰술(9g), 다진 파 ½작은술(2.3g),
다진 마늘 ¼작은술(1.4g),
깨소금 ½작은술(1g), 후춧가루 0.1g,
참기름 ½작은술(2g)

Tip

• 마지막에 간을 맞추고
  2분 정도 더 끓여야 죽이
  식지 않는다.
• 장국죽을 쑬 때 청장(국간장)을
  써야지 진간장을 쓰면 죽의 색이
  너무 검고 맛도 없다.

만드는 법

1 멥쌀은 깨끗이 씻어 일어 물에 2
시간 정도 불려 체에 밭쳐 10분 정도
물기를 뺀다.

2 쇠고기는 핏물을 닦고 곱게 다진
다. 표고버섯은 물에 불려 기둥을 떼
어 내고 물기를 닦아 곱게 채 썬 후 양념
장으로 각각 양념한다.

3 멥쌀은 쌀알이 반 정도 으깨지도
록 방망이로 빻는다.

4 냄비를 달구어 참기름을 두르고
멥쌀과 쇠고기, 표고버섯을 넣고 중
불로 낮추어 2분 정도 볶는다.

5 물을 붓고 센불에서 끓으면 중불
로 낮추어 뚜껑을 덮고 가끔 저으면
서 10분 정도 끓인다. 죽이 어우러지면
약불로 낮추어 20분 정도 끓인다.

6 죽이 잘 끓었으면 청장과 소금으
로 간을 맞추고 2분 정도 더 끓인다.

◇◇◇◇

전복죽

전복죽(全鰒粥)은 전복을 얇게 저며서 불린 멥쌀과 함께 끓인 별미 음식으로

전복이 들어가서 맛과 향이 좋다. 전복은 영양이 풍부하여

예로부터 귀한 재료로 궁중에서 많이 사용하였다.

전복이 많이 나는 제주도에서는 싱싱한 내장을 넣어 푸른빛이 도는 전복죽을 쑤기도 하는데

맛이 쌉쌀하고 향이 독특하여 제주도 명물 음식으로 각광을 받고 있다.

재료 및 분량

멥쌀 1¼컵(225g),
전복 2개(400g),
참기름 1큰술(13g),
물 8컵(1.6kg)

청장 1작은술(6g),
소금 ½작은술(2g)

Tip

• 전복죽은 전복내장을 넣고
  푸른빛이 나게 끓이기도 한다.
• 전복을 다져 넣고 끓이기도 한다.
• 전복껍질에서 전복살을 떼어 내고
  내장 붙은 쪽 끝에 지저분한 것은
  저며 낸다.

만드는 법

1 멥쌀은 깨끗이 씻어 일어서 물에 2
시간 정도 불려 체에 밭쳐 10분 정도
물기를 뺀다.

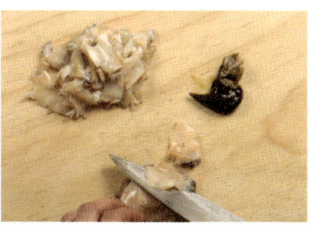

2 전복은 솔로 깨끗이 씻어 전복살
을 떼어 놓고, 내장은 떼어 낸 후 두
께 0.3cm 정도로 저며 썬다.

3 냄비를 달구어 참기름을 두르고
멥쌀을 넣어 중불에서 2분 정도 볶
는다.

4 준비한 전복을 넣고 2분 정도 더
볶는다.

5 물을 붓고 센불에서 끓으면 중불
로 낮추어 뚜껑을 덮고 가끔 저으면
서 30분 정도 더 끓인다.

6 죽이 어우러지면 청장과 소금으로
간을 맞추고 2분 정도 더 끓인다.

흑임자죽

흑임자죽(黑荏子粥)은 검은깨와 멥쌀을 곱게 갈아서 쑨 음식이다.

맛이 고소하고 색이 검은 흑임자죽은 영양가가 높고 소화가 잘 되어서

노인들이 영양식으로 즐겨 먹었다. 주재료인 검은깨(黑荏子)는 예부터 심신의 건강을 촉진하고

체력을 증강시키고 머리카락을 건강하게 하며 몸을 가볍게 한다고 하여

즐겨 먹었던 식품이다.

멥쌀 1컵(180g),
물 1컵(200g)

검은깨 1컵(95g),
물 2컵(400g)

물 4½ 컵(900g),
소금 ½ 큰술(6g)

Tip

• 검은깨는 물에 담구어 놓으면
  검은물이 빠지므로 재빨리 씻어
  물기를 뺀다.
• 볶을 때 타지 않게 잘 볶는다.
• 볶은 검은깨를 구입하여 간편하게
  사용할 수 있다.
• 검은깨를 곱게 갈아야
  죽이 부드럽다.

만드는 법

1 멥쌀은 깨끗이 씻어 일어 물에 2
시간 정도 불려 체에 밭쳐 물기를 뺀
다. 검은깨는 깨끗이 씻어 일어 체에 밭
쳐 물기를 뺀다.

2 팬을 달구어 검은깨를 넣고 약불에
서 저으면서 30~40분 정도 볶는다.

3 믹서에 불린 멥쌀과 물을 붓고
2분 정도 갈아서 고운체에 내린다.

4 믹서에 검은깨와 물을 붓고 3분
정도 갈아서 고운체에 내린다.

5 냄비에 갈아 놓은 멥쌀물과 분량
의 물을 붓고 센불에 5분 정도 올려
멍울이 생기지 않도록 저으면서 끓인다.

6 끓으면 중불로 낮추어 뚜껑을 덮
고 가끔 저으면서 20분 정도 끓이다
가 검은깨 간 물을 붓고 5분 정도 더
끓인다. 소금을 넣고 2분 정도 더 끓인다.

5장

맛이 배어 가득하게 하다

국 · 찌개 · 전골

북엇국

북엇국은 북어를 넣고 끓인 음식이다. 북어는 사계절 어느 때나 구하기 쉽고
값도 저렴하여 한국 사람들이 두루 찾는 식재료이다.
특히 명태를 말린 북어는 간을 보호하기 때문에 예로부터 북엇국은 술 마신 뒤 해장용으로 즐겨 먹었다.
한방에서 북어는 여러 가지 공해로 인한 독에 대하여 해독 능력이 있어
북어를 물에 넣고 달이거나 국을 끓여 국물을 마시면 좋다고 하였다.

재료 및 분량

북어포(껍질 벗긴 황태포) 1마리(70g)

무 100g, 실파 20g, 홍고추 ¼개(5g),
참기름 1작은술(4g)

물 7컵(1.4kg), 청장 1작은술(6g),
소금 ½큰술(6g)

달걀 1개(60g)

양념

다진 파 ½큰술(7g),
다진 마늘 1작은술(5.5g),
흰 후춧가루 ⅛작은술(0.3g),
참기름 ½큰술(6.5g)

Tip

• 콩나물을 함께 넣고 끓이기도 한다.
• 북엇국에 속뜨물을 넣어도
  고소하고 좋다.
• 북어포 찢어 놓은 것을 구입하여
  쓰기도 한다.
• 노가리포(어린 북어)를 쓰기도 한다.

만드는 법

1 북어포는 머리와 꼬리 · 지느러미를 자르고 물에 10초 정도 담갔다가 건져 젖은 면보에 싸서 북어가 촉촉해지도록 30분 정도 둔다.

2 북어포가 부드러워지면 뼈와 가시를 떼어 내고 길이 5cm, 폭 0.7cm 정도로 찢는다.

3 북어포는 다진파와 다진마늘, 흰 후춧가루, 참기름을 넣고 양념한다.

4 무는 씻어 가로 · 세로 3cm, 두께 0.3cm 정도로 썬다. 실파는 씻어 길이 3~4cm로 자르고 홍고추는 씻어 길이로 반을 잘라 씨를 떼어 내고 길이 3cm 정도로 채 썬다. 달걀은 풀어 놓는다.

5 냄비를 달구어 참기름을 두르고 북어와 무를 넣고 중불에서 1분 정도 볶다가 물을 붓고 센불에서 7분 정도 끓인다.

6 중불로 낮추어 20분 정도 더 끓이다가 청장과 소금으로 간을 맞춘다. 실파와 홍고추를 넣고 달걀로 줄알을 쳐서 2분 정도 더 끓인다.

조개탕

조개탕은 싱싱한 조개를 해감하여 넣고 끓인 맑은 탕이다.
조개탕은 담백하고 시원한 맛으로 인해 해장용으로 즐겨 먹는데
조개에 타우린 성분이 많아 간을 보호하기 때문이다.
조개는 오래 전부터 식용했던 식품으로 정약전의 수산물 기록인
「자산어보(玆山魚譜, 1814년)」에는 다양한 종류의 조개가 기록되어 있다.

모시조개 300g,
소금 ½큰술(6g),
물 6컵(1.2kg)

실파 20g,
홍고추 ½개(10g)

마늘 1개(5.5g),
소금 2작은술(8g)

Tip

• 조개는 진흙이 모두 빠져 나가도록
  해감을 잘 시켜야 한다.
• 조개는 반드시 살아있는 것을
  사용해야 맛이 좋고 비린내가
  나지 않는다.
• 오래 끓이면 조갯살이 질겨지고
  맛이 떨어진다.

만드는 법

1 모시조개는 깨끗이 씻어 소금물에
담가 3시간 정도 해감을 시킨다.

2 마늘은 손질하여 깨끗이 씻어 곱
게 다진다.

3 실파는 손질하여 깨끗이 씻은 후
길이 3cm 정도로 썬다. 홍고추는 씻
어 길이로 반을 갈라 씨와 속을 떼어내
고 길이 3cm 정도로 채 썬다.

4 냄비에 조개와 물을 붓고 센불에
올려 끓으면 중불로 낮추어 5분 정도
더 끓인다.

5 조개가 입을 벌리면 실파와 홍고
추·다진 마늘을 넣고 소금으로 간
을 맞추어 2분 정도 더 끓인다.

6 잘 끓여진 조개탕을 그릇에 담는다.

미역국

미역국은 불린 미역과 쇠고기를 썰어 넣고 간장으로 간을 하여 끓인 음식이다.
삼면이 바다로 둘러싸인 우리나라에서는 예부터 산후나 생일날이 되면 빠지지 않고
미역국을 먹는데 그 이유는 미역이 산모의 체내에 생긴 노폐물과 염분을 수분과 함께
체외로 배출시켜 부기를 내리는데 효과가 있기 때문이다.
그 밖에 미역은 칼로리는 낮고 비타민과 무기질이 풍부한 알칼리성 식품으로
비만과 고혈압 등의 성인병을 예방한다.

마른미역 20g

쇠고기(사태) 100g,
참기름 1큰술(13g)

물 6½컵(1.3kg),
청장 1작은술(6g),
소금 ½작은술(6g)

양념장
청장 ½작은술(3g),
다진 마늘 ½작은술(2.8g),
후춧가루 0.1g

Tip

- 마른미역을 물에 30분 정도 불리면
  15배 정도 불어난다.
- 불린 미역은 비벼서 잘 씻어야
  냄새가 나지 않는다.
- 미역국은 쇠고기를 넣지 않고
  참기름에만 오랫동안 볶다가
  끓이기도 한다.
- 미역국에 들깻가루를 넣기도 한다.

만드는 법

1 마른미역은 물에 30분 정도 불리
고 깨끗이 씻어 물기를 뺀 다음 길이
4cm 정도로 썬다.

2 쇠고기는 면보로 핏물을 닦고 가
로·세로 2.5cm, 두께 0.2cm 정도
로 썰어 양념장으로 양념한다.

3 냄비를 달구어 참기름을 두르고
쇠고기를 넣어 중불에서 2분 정도 볶
는다.

4 불린 미역을 넣고 3분 정도 더 볶
는다.

5 냄비에 물을 붓고 센불에 올려 끓
으면 중불로 낮추어 30분 정도 더
끓이다가 청장과 소금을 넣고 간을 맞
춘다.

6 2분 정도 더 끓인 다음 그릇에 담
는다.

무맑은장국

무맑은장국은 무를 네모지게 나박썰어 간장·소금 등으로 간을 맞추어 끓인 음식으로
쌀뜨물을 넣고 끓이기도 한다. 일상적으로 많이 먹는 기본 국으로 소화가 잘 되어서
어린이나 노인에게 좋다. 한방에서 무를 먹으면 갈증이 멎고 기침을 그치게 하며 음식의 소화를
돕는다고 하였다. 또한 어패류와 함께 먹으면 비린내와 독을 풀 수 있고, 돼지고기·쇠고기와 함께 먹으면
원기를 보양한다고 하여 생선조림이나 육류를 이용한 찜에는 무를 넣고 조리한다.

만드는 법

1 쇠고기는 면보로 핏물을 닦고 향채는 손질하여 깨끗이 씻는다.

2 냄비에 쇠고기와 물을 붓고 센불에 올려 끓으면 중불로 낮추어 30분 정도 끓이고 향채를 넣어 30분 정도 더 끓인다.

3 쇠고기는 건져서 가로·세로 2.5cm 정도로 썰어 양념장으로 양념하고 국물은 면보에 걸러 육수를 만든다.

4 무는 깨끗이 씻은 후 가로·세로 2.5cm, 두께 0.5cm 정도로 썬다. 다시마는 면보로 닦아 가로·세로 2.5cm 정도로 자른다. 파는 씻은 후 어슷썬다.

5 냄비에 육수를 붓고 썰어 놓은 쇠고기와 무, 다시마를 넣고 센불에 7분 정도 끓인 후 청장과 소금으로 간한다.

6 장국에 파를 넣고 2분 정도 더 끓인다.

갈비탕

갈비탕(乫非湯)은 쇠갈비를 푹 삶아 끓여서 고명을 올리고 밥과 함께 내는 음식이다.

갈비는 지방이 많고 살코기가 연하여 쇠고기 부위 중 맛이 좋아 탕 이외에도 구이나 찜으로도 이용된다.

중국 사신을 영접하며 기록한 「영접도감(迎接都監, 1604년)」에도 갈비가 나온 것으로 보아

예로부터 우리나라 사람들이 즐겨 먹었던 부위로 보인다.

재료 및 분량

쇠갈비 800g,
튀하는 물 5컵(1kg)

물 25컵(5kg),
무 1/5개(200g),
파 20g

달걀 1개(60g),
식용유 ½큰술(6.5g)

청장 2작은술(12g),
소금 2작은술(8g)

향채
파 40g, 마늘 42g,
양파 1개(130g)

Tip

• 기호에 따라 당면을 넣기도 한다.
• 여름무는 무 냄새가 좋지 않으므로
한번 데쳐서 사용하는 것이 좋다.

만드는 법

1 쇠갈비는 길이 5cm 정도로 잘라서 1시간 간격으로 3번 물을 갈아주면서 핏물을 뺀다.

2 핏물을 뺀 쇠갈비는 칼로 힘줄과 기름기를 떼어 내고 깨끗하게 손질한다.

3 무와 향채는 깨끗이 씻은 후 길이 6cm 정도로 자르고 파는 폭 0.2cm 정도로 썬다. 달걀은 황백지단을 부쳐 길이 2cm 정도의 마름모꼴로 썬다.

4 냄비에 물을 붓고 센 불에 올려 끓으면 갈비를 넣고 5분 정도 튀해서 건진다.

5 냄비에 갈비와 물을 붓고 센 불에 올려 끓으면 중불로 낮추고 무와 향채를 넣고 1시간 30분 정도 끓인 다음 무와 향채는 건져내고 1시간 정도 기름을 걷어가며 더 끓인다.

6 건져낸 무는 가로 3cm, 세로 4cm, 두께 0.5cm 크기로 썰고 육수는 면보에 걸러낸다. 냄비에 무와 육수를 넣고 센 불에서 10분 정도 끓여 소금으로 간을 하고 1분 정도 더 끓인다.

설렁탕

설렁탕(設濃湯)은 소의 뼈·내장·사태 등 여러 가지 부위를 물에 넣고 오래도록 푹 고은 음식이다.

밥과 국수를 말고 편육을 얹어서 깍두기와 함께 먹는 음식으로

설렁탕은 왕이 신하를 거느리고 선농단에서 농사의 신께 제사를 지낸 다음

제물로 바친 소로 탕을 끓여 여러 사람들이 고루 나누어 먹은 음식이라 해서

선농단 → 선농탕 → 설롱탕 → 설렁탕이 되었다고 한다.

재료 및 분량

사골 1kg,
도가니 600g,
우설 700g,
튀하는 물 25컵(5kg)

쇠고기(양지머리) 200g,
쇠고기(사태) 200g,
끓이는 물 35컵(7kg)

소금 ⅔큰술(8g),
후춧가루 ⅛작은술(0.3g)

파 40g
삶은국수 100g

향채
파 30g, 마늘 65g, 생강 20g,
양파 ⅓개(50g)

Tip

• 사골과 도가니는 끓는 물에
  튀해서 끓여야 누린내와
  잡냄새가 나지 않는다.
• 쇠머리와 쇠족 · 유통 등을
  함께 넣고 끓이기도 한다.
• 닭의 뱃속에 찹쌀을 너무 꽉
  채우면 밥이 터져 나올 수 있다.
• 설렁탕은 한번 끓여 먹고 다시
  물을 부어 2~3회 더 끓여
  먹기도 한다.

만드는 법

1 사골과 도가니 · 우설은 물에 담가 물을 갈아 주면서 3시간 정도 핏물을 뺀다. 양지머리와 사태는 핏물을 닦고 향채는 깨끗이 씻는다. 파는 손질하여 깨끗이 씻은 후 어슷썬다.

2 냄비에 튀하는 물을 붓고 센불에 올려 끓으면 사골과 도가니 · 우설을 넣고 튀해서 건진다. 냄비에 사골과 도가니를 넣고 물을 부어 센불에 1시간 정도 끓이다가 약불로 낮추어 5시간 정도 끓인다.

3 떠오르는 거품과 기름을 걷어 내고 우설과 양지머리 · 사태를 넣어 1시간 정도 끓이다가 향채를 넣어 1시간 30분 정도 더 끓인다.

4 잘 익은 우설과 쇠고기는 건져서 가로 3cm, 세로 4cm, 두께 0.2cm 정도의 크기로 썰어 편육을 만든다.

5 육수는 식혀서 거른 다음 기름을 걷어 내 냄비에 붓고 센불에 올려 끓으면 소금과 후춧가루로 간을 맞추고 2분 정도 끓인다.

6 그릇에 썰어 놓은 편육과 삶은 국수를 담고 끓는 육수를 부어 송송 썬 파를 얹어 낸다.

삼계탕

삼계탕(蔘鷄湯)은 영계의 뱃속에 찹쌀·인삼·대추·마늘을 함께 넣고 푹 삶아 만든 음식이다.
한국에는 음력 6월에서 7월 사이에 초복(初伏)·중복(中伏)·말복(末伏)의 절기가 있는데
이를 삼복(三伏)이라고 한다. 이 때는 일년 중 가장 더운 기간으로 너무 무더워서 땀을 많이 흘리기 때문에
식욕부진으로 인한 영양부족이 오기 쉽다. 따라서 우리 조상들은 예로부터 더위를 이겨 내기 위해
삼복(三伏) 때 삼계탕을 만들어 먹었다.

영계 4마리(2.2kg),
찹쌀 1컵(180g),
수삼 4뿌리(40g),
마늘 4개(20g),
대추 4개(16g)

황기물

황기 4뿌리(20g),
물 15컵(3kg)

양념

소금 1큰술(12g),
후춧가루 ⅛작은술(0.3g),
파 20g

Tip

• 영계는 400~500g 정도가
  살이 부드럽고 지방이 적다.

• 영계는 오래 삶으면 살이 으깨지고
  맛이 없으므로 시간에 주의한다.

• 닭의 뱃속에 찹쌀을 너무 많이
  채우면 밥이 터져 나올 수 있다.

• 물은 닭 위로 올라오도록 충분히
  부어야 닭 뱃속에 들어있는 찹쌀이
  잘 익는다.

만드는 법

1 영계는 배 밑으로 내장과 기름기를 빼내고 깨끗이 씻는다. 찹쌀은 깨끗이 씻어 일어 물에 2시간 정도 불려 체에 밭쳐 물기를 뺀다.

2 냄비에 황기와 물을 붓고 센불에 올려 끓으면 중불로 낮추어 1시간 정도 끓인 다음 체에 밭쳐 황기물을 만든다.

3 수삼은 깨끗이 씻은 후 뇌두를 자르고 마늘과 대추는 깨끗이 씻는다. 파는 손질하여 깨끗이 씻은 후 폭 0.2cm 정도로 썬다.

4 영계의 뱃속에 불린 찹쌀과 수삼·마늘·대추를 넣고 내용물이 나오지 않도록 닭다리를 엇갈리게 잘 끼운다.

5 냄비에 영계와 황기물을 붓고 센불에 올려 끓으면 중불로 낮추어 50분 정도 더 끓인다.

6 소금과 후춧가루로 간을 맞추고 2분 정도 더 끓인다.

육개장

육개장(肉狗醬)은 쇠고기와 파·고사리·숙주·토란대 등의 채소를 넣고 얼큰하게 푹 끓인 음식이다.

무더운 여름철 잃어버린 입맛을 살리는 것은 물론 원기회복에도 좋은 음식으로

삼복(三伏)에 먹는 개장(狗醬)국 대신 개고기를 못 먹는 사람들을 위해

쇠고기를 넣고 끓인 음식으로 육개장의 '육(肉)'은 쇠고기를 말한다.

재료 및 분량

쇠고기(양지머리) 400g, 물 20컵(4kg)

불린 고사리 100g, 불린 토란대 100g

숙주 200g, 파 100g, 물 3컵(600g),
소금 ½작은술(2g)

향채
파 100g, 마늘 42g

양념장①
청장 1큰술(18g), 다진 파 2큰술(28g),
다진 마늘 1큰술(16g),
고추기름 2큰술(26g),
참기름 ½큰술(6.5g)

양념장②
청장 1큰술(18g),
고춧가루 2큰술(14g),
다진 파 2큰술(28g),
다진 마늘 1큰술(16g),
참기름 ½큰술(6.5g)

소금 2작은술(8g)

Tip

• 토란대는 아린 맛이 있으므로
  삶아서 물에 담가 충분히 우려 낸 후
  사용한다.

• 고추기름은 식용유 3큰술을 뜨겁게
  데워 고춧가루 1큰술과 다진 마늘
  ⅓ 작은술을 넣고 불을 끈 다음 2분
  정도 저어 준 후 고운체에 거른다.

• 불린 토란대는 너무 굵게 찢으면
  익는 동안 불어서 더 굵어지므로
  가늘게 찢어야 먹기가 좋다.

만드는 법

1 쇠고기는 물에 1시간 정도 담가
핏물을 빼고 향채는 깨끗이 손질하
여 씻는다. 양념장 ①, ②를 만든다.

2 냄비에 쇠고기와 물을 붓고 센불
에 올려 끓으면 중불로 낮추어 1시간
정도 끓이다가 향채를 넣고 30분 정도
더 끓인다.

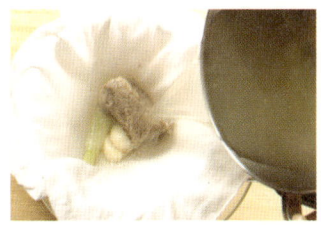

3 쇠고기는 건져서 식힌 다음 길이
6cm, 폭·두께 0.5cm 정도로 결대
로 찢는다. 육수는 식혀 면보에 거른다.

4 고사리와 토란대는 깨끗이 씻어
길이 7cm 정도로 자르고, 토란대는
길이로 찢는다. 숙주는 꼬리를 떼어 소
금을 넣고 데치고 파는 씻어 길이로 2등분
하여 길이 7cm 정도로 썬 후 데친다.

5 불린 고사리와 토란대·숙주·파
를 한데 섞어 양념장 ②를 넣고 양념
한다. 쇠고기는 길이 7cm 정도로 썰어
1cm 정도의 굵기로 결대로 찢은다음 양
념장 ①을 넣고 무친다.

6 냄비에 육수를 붓고 센불에 올려
끓으면 양념한 재료를 모두 넣고 센
불에 끓이다가 중불로 낮추어 40분 정도
더 끓으면 소금으로 간을 맞추고 한소끔
더 끓인다.

임자수탕

임자수탕(荏子水湯)은 참깨를 불려 겉껍질은 벗겨 내고 볶아서 곱게 갈아 체에 밭친 깻국물에
영계를 삶은 육수를 섞고 닭살을 말아 차게 먹는 음식이다.

'임자(荏子)'는 참깨를 일컫는 말로서 임자수탕(荏子水湯)은 '깻국탕'이라고도 하는데,
여름에 궁중이나 양반가에서 즐겨 먹었던 최고의 보양식이다.

옛날 궁중에서는 복(伏)중에 고관들에게 빙표(氷票)를 나누어 주어 동빙고나 서빙고에서
얼음을 가져가게 하였는데 이 얼음은 화채나 임자수탕 또는 콩국 등에 귀하게 쓰였다는 기록이 있다.

닭 1마리(1.2kg), 물 10컵(2kg)

향채
파 20g, 마늘 15g, 생강 5g

소금 ¼작은술(1g)

오이 ½개(100g), 소금 ½작은술(2g),
홍고추 1개(20g), 표고버섯 3장(15g)
녹말 3큰술(24g), 데치는 물 2컵(400g)

달걀 1개(60g), 식용유 1큰술(13g)

잣 1작은술(3.5g)

깻국물
육수 7컵(1.4kg), 참깨 100g,
소금 ½큰술(6g)

완자
다진 쇠고기(우둔) 80g,
두부 20g, 달걀 1개(60g),
밀가루 2큰술(14g)

양념장
청장 ½작은술(2g), 소금 ⅛작은술(0.5g),
다진 파 1작은술(4.5g),
다진 마늘 ½작은술(2.8g),
후춧가루 0.1g, 참기름 ½작은술(2g)

Tip

• 채소는 녹말을 입혀 잠시 두었다가
  끓는 물에 데쳐야 녹말이 잘 붙고
  윤기가 난다.
• 여름에는 임자수탕에 시원하게
  얼음을 띄워 내기도 한다.

만드는 법

1 닭은 내장과 기름기를 떼어 내고
깨끗이 씻고 향채도 깨끗이 씻는다.
냄비에 닭과 물을 붓고 센불에 올려 끓으
면 중불로 낮추어 10분 정도 끓이다가 향
채를 넣고 30분 정도 더 삶는다.

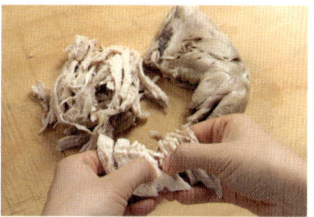

2 닭은 건져서 살을 발라 0.5cm 정
도의 굵기로 찢어 소금으로 간을 하
고 국물은 식혀서 면보에 걸러 육수를
만든다.

3 믹서에 볶은 참깨와 육수 2컵을
넣고 곱게 갈아 체에 내린다. 남은
육수 5컵을 더 부어 섞어서 깻국물을 만
들고 소금으로 간을 한다.

4 완자용 다진 쇠고기에 으깬 두부
를 넣어 양념하고 완자로 만들어 밀
가루와 달걀물을 씌워 지진다. 달걀은
황백지단을 부쳐 가로 1.5cm, 세로 3cm
정도로 썬다.

5 오이는 씻어 달걀지단 크기로 썰
어 소금에 살짝 절인다. 표고버섯은
불리고 홍고추는 길이로 ⅓등분해 달걀
지단 크기로 썬다. 냄비에 물이 끓으면 오
이와 홍고추, 표고버섯에 녹말을 입혀 데
쳐 물에 헹군다.

6 그릇에 닭고기살을 넣고 그 위에
달걀지단과 오이, 표고버섯, 홍고추
를 색 맞추어 돌려 담은 후 깻국물을 붓
고 잣을 올린다.

된장찌개

된장찌개는 두부·호박 등 다양한 재료를 넣고 된장으로 간을 하여 끓여 만든 한국의 대표적인 찌개이다.

예부터 즐겨 먹어 왔던 국물 음식 중 하나로 뚝배기에 끓여야 제 맛이다.

된장은 콩을 발효시켜 만든 한국의 대표적인 식품으로 음식의 간을 맞추고 맛을 내는 조미료 역할과

돼지고기와 같은 육류의 냄새를 없애는 등 다양하게 이용된다.

또한 된장에 함유된 레시틴은 동맥경화를 방지하여 성인병을 예방한다.

쇠고기(등심) 90g, 표고버섯 3장(15g),
두부 ½모(250g), 쌀뜨물 3½컵(700g),
된장 5큰술(85g)

고춧가루 1작은술(2.2g),
청고추 1개(15g), 홍고추 1개(20g),
파 20g

양념장

청장 ½큰술(9g), 다진 파 1작은술(4.5g),
다진 마늘 ½작은술(2.8g),
깨소금 ¼작은술(0.5g),
후춧가루 ⅛작은술(0.3g),
참기름 1작은술(4g)

Tip

• 된장찌개에 두부를 넣고
  잠깐 끓여야 부드럽다.

• 여름에는 애호박을 넣기도 한다.

• 된장찌개에 칼칼한 매운맛을 내려면
  청량고추를 넣는다.

• 된장찌개에 감자를 넣으면
  풀어져서 걸죽해지기 쉽고
  양파를 넣으면 단맛이 나니
  기호에 따라서 사용한다.

만드는 법

1 쇠고기는 핏물을 닦고 가로 · 세로
2.5cm, 두께 0.2cm 정도로 썬다. 파
와 청 · 홍고추는 길이 2cm, 두께 0.3cm
정도로 어슷썬다.

2 표고버섯은 물에 1시간 정도 불
려 기둥을 떼고 길이 4cm, 폭 · 두
께 0.5cm 정도로 채 썬다. 두부는 가로
2cm, 세로 3cm, 두께 1cm 정도로 썬다.

3 쇠고기와 표고버섯은 한데 섞고
양념장을 넣어 무친다.

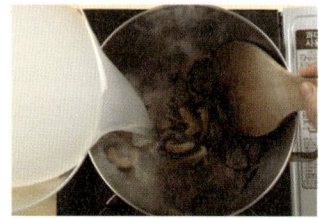

4 냄비를 달구어 쇠고기와 표고버섯
을 넣고 중불로 낮추어 2분 정도 볶
다가 쌀뜨물을 붓는다.

5 된장을 풀어 넣고 센불에 4분 정
도 올려 끓으면 중불로 낮추어 10분
정도 더 끓인다.

6 된장국물의 맛이 충분히 우러나
면 두부와 고춧가루를 넣고 끓이다
가 청 · 홍고추와 파를 넣고 잠시 더 끓
인다.

게감정

감정(甘精)이란 찌개보다는 국물이 조금 더 있으며 고추장으로 양념한 음식으로 게감정(蟹甘精)은
고추장을 넣고 만든 꽃게찌개라 할 수 있다. 옛날 봄철 임금님의 수라상에 빠지지 않고 올랐다는 게감정은
담백한 게살과 칼칼한 국물 맛이 일품이다. 중국 이태백(706~762년)을 비롯한 옛 시인들은
'한 손엔 술잔을, 한 손엔 게 발을 들고……'라고 하여 게와 함께 시와 인생을 논했다 하며
'길 떠나는 나그네는 꽃게를 쳐다보지도 말라'는 말이 있을 정도로
꽃게는 맛과 영양이 풍부한 식품이다.

재료 및 분량

꽃게(암컷) 2마리(600g),
다진 쇠고기 120g,
표고버섯 3개(10g), 두부 ⅓모(80g),
숙주 80g, 물 2컵(400g),
소금 ¼작은술(1g)

무⅓개(150g), 파 20g, 쑥갓 40g,
밀가루 5큰술(35g), 달걀 1개(60g)

물 4컵(800g)

양념장①

청장 ½작은술(3g), 다진 파 ½작은술(2.3g),
다진 마늘 ¼작은술(1.4g),
깨소금 ½작은술(1g),
후춧가루 ⅛작은술(0.3g),
참기름 ½작은술(2g)

소양념

소금 1작은술(4g),
후춧가루 ⅛작은술(0.3g),
통깨 ½작은술(1g), 참기름 1작은술(4g)

양념장②

된장 1큰술(17g), 고추장 4큰술(76g)
소금 ½작은술(2g), 다진 마늘 1큰술(16g)
생강즙 ½작은술(2.8g)

Tip

• 게는 신선도가 빨리 떨어지므로
  살아있는 게를 사용하는 것이 좋다.

• 게딱지 안에 소를 넣을 때
  단단하게 넣어야 끓여도 풀어지지
  않는다.

• 산란기 직전의 살아있는 게가 알이
  많고 살이 단단해서 맛이 있다.

만드는 법

1 꽃게는 솔로 깨끗이 씻어 발끝을 자르고 게딱지는 떼어 내고 살을 긁어 내어 체에 밭쳐 물기를 뺀다. 다진 쇠고기는 핏물을 닦고 양념장 ①을 넣고 양념한다. 표고버섯은 물에 1시간 정도 불려 기둥을 떼고 물기를 닦아 곱게 다진다.

2 두부는 물기를 짜서 곱게 으깨고 숙주는 깨끗이 손질하여 끓는 물에 소금을 넣고 데쳐 길이 0.5cm 정도로 썰어 물기를 짠다. 무는 씻어 가로 2.5cm, 세로 2cm, 두께 0.5cm 정도로 썬다. 파도 씻어 어슷썰고 쑥갓은 다듬어 깨끗이 씻는다.

3 게살에 준비한 쇠고기와 표고버섯, 두부, 숙주를 넣고 소양념으로 양념하여 소를 만든다.

4 게등딱지 안쪽에 밀가루를 바르고 소를 평평하게 채워 넣은 후 밀가루를 묻히고 달걀물을 입힌다.

5 팬을 달구어 식용유를 두르고 소를 채운 게딱지를 놓는다. 중불에서 1분 정도 지지고 다시 달걀물을 묻혀 1분 정도 더 지진다.

6 냄비에 물을 붓고 끓으면 양념장 ②를 풀어 넣고 게다리와 무를 넣어 중불로 낮추어 더 끓여 게다리는 건져낸다. 지진 게딱지를 넣고 센불에 끓이다가 중불로 낮추어 10분 정도 끓이고 파와 쑥갓을 넣는다.

순두부찌개

순두부찌개는 콩을 불려서 만든 순두부에 조개 등을 넣고 끓인 음식이다.
부드럽고 얼큰한 순두부찌개는 '밭에서 나는 쇠고기'라고 불릴 정도로
영양가가 풍부한 콩으로 만든 순두부가 주재료이다.
예부터 우리 조상들은 두부 제조 기술과 두부를 이용한 조리법이
상당한 수준이었으며 두부를 즐겨 먹었다.

순두부 600g,
물 1½컵(300g)

조갯살 200g,
물 3컵(600g),
소금 2g(½작은술)

청고추 1개(15g),
홍고추 ½개(10g),
파 10g

양념장
청장 1큰술(18g), 소금 ½작은술(2g),
고춧가루 1½큰술(10.5g),
다진 파 2큰술(28g),
다진 마늘 1큰술(16g),
참기름 1½큰술(19.5g)

Tip

• 조갯살 대신 굴이나 돼지고기를
  넣기도 한다.
• 순두부에 돼지고기를 넣을 때는
  익은 김치를 함께 넣으면 좋다.
• 순두부는 너무 오래 끓이면
  부드러운 맛이 없어지므로
  잠깐만 끓인다.

만드는 법

1 조갯살은 소금물에 살살 씻어 체에 밭쳐 물기를 뺀다.

2 준비한 양념장의 모든 재료를 넣고 양념장을 만든다.

3 조갯살에 양념장 ½량을 넣고 조물조물 무쳐 양념한다.

4 파와 청·홍고추는 깨끗이 씻어 길이 2cm 정도로 어슷썬다.

5 냄비에 순두부와 물을 붓고 센불에 올려 끓으면 중불로 낮추어 5분 정도 끓인다. 양념한 조갯살과 남은 양념장을 넣고 2분 정도 더 끓인다.

6 준비한 청·홍고추와 파를 넣고 중불에서 2분 정도 더 끓인다.

굴두부찌개

굴두부찌개는 굴과 두부에 새우젓국을 넣고 끓여 낸 맑은 찌개이다.

잣죽 · 전복죽 등의 죽과 같이 먹었던 음식으로 주재료인 굴은 수산물 중에서는 영양가가 가장 높아

완전한 식품에 가까워서 '바다의 우유'라고 부른다.

조선시대 지리지인 「동국여지승람(東國輿地勝覽, 1481년)」에는 강원도를 뺀 칠십 고을의 토산품으로

굴의 기록이 남아 있어 예전부터 굴을 많이 먹었음을 알 수 있다.

재료 및 분량

굴 100g,
물 1½컵(300g),
소금 ¼작은술(1g)

두부 ½모(200g),
다진 마늘 1작은술(5.5g)

홍고추 ½개(10g),
실파 20g

물 3½ 컵(700g),
새우젓국 1큰술(15g),
소금 ¼작은술(2g),
참기름 ¼작은술(1g)

Tip

• 굴은 오래 끓이지 않아야
  국물이 맑고 깨끗하다.
• 굴은 너무 큰 굴보다 작은 것이
  단단하고 맛이 있다.
• 굴은 여름철에 독성이 생길 수
  있으므로 봄, 가을, 겨울이
  맛이 있다.

만드는 법

1 굴은 소금물에 살살 흔들어 씻어
건진다.

2 두부는 가로 2cm, 세로 3cm, 두
께 0.8cm 정도로 썬다.

3 홍고추는 길이로 반을 잘라 씨와
속을 떼어 내고 길이 2cm 정도로 채
썬다. 실파는 손질하여 깨끗이 씻고 길
이 3cm 정도로 썬다.

4 냄비에 물을 붓고 센불에 올려 끓
으면 새우젓국으로 간을 하고 굴과
두부, 다진 마늘을 넣고 3분 정도 더 끓
인다.

5 굴과 두부가 익어 떠오르면 홍고추
와 실파를 넣고 소금으로 간을 맞추
어 2분 정도 더 끓인 후 참기름을 넣는다.

6 잘 끓여진 굴두부찌개는 찌개 그
릇에 담는다.

김치찌개

김치찌개는 잘 익은 김치에 돼지고기를 넣고 푹 끓인 찌개로 된장찌개와 더불어

한국의 대표적인 음식이다. 일상적으로 즐겨 먹는 김치찌개는

돼지고기 · 쇠고기 · 해물 등 넣는 재료에 따라 색다른 맛을 느낄 수 있다.

김치는 예부터 반상 차림에 꼭 올랐던 중요한 부식이면서도

김치밥 · 김치전 같은 음식의 부재료로도 사용되었다.

배추김치 ¼ 포기(280g),
돼지고기(목등심) 150g

참기름 1큰술(13g),
고춧가루 1작은술(2.2g),
소금 ½작은술(2g),
두부 150g, 파 20g,
후춧가루 ⅛작은술(0.3g)
파 20g

양념
청주 1큰술(15g), 다진 마늘 1큰술(16g),
생강즙 1큰술(16g)

찌갯국물
물 8컵(1.6kg), 무 100g,
양파 ⅔개(100g), 다시마 20g

Tip

- 잘 익은 배추김치로 끓여야
  찌개 맛이 좋다.
- 기호에 따라 고춧가루나 김칫국을
  더 넣기도 한다.
- 김치찌개를 끓일 때 두부를 넣고
  너무 오래 끓이면 두부가
  단단해져서 맛이 없다.

만드는 법

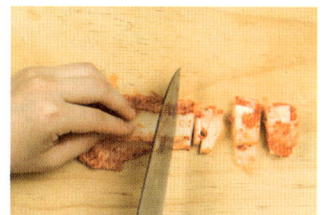

1 배추김치는 속을 털어 내고 폭 2cm
정도로 썬다. 두부는 가로 2.5cm, 세
로 3cm, 두께 0.8cm 정도로 썬다. 파는
다듬어 씻어 길이 2cm 정도로 어슷썬다.

2 돼지고기는 얇풋이 썰어 양념한
다. 찌개국물용 무는 깨끗이 씻어 나
박썰고 양파는 깨끗이 씻은 후 굵게 채
썬다. 다시마는 면보로 닦는다.

3 냄비에 물을 붓고 무와 양파를 넣
어 센불에 올려 끓으면 중불로 낮추
어 20분 정도 더 끓인다. 다시마를 넣고
불을 끈 다음 5분 정도 두었다가 체에 걸
러 찌개국물을 만든다.

4 냄비를 달구어 참기름을 두르고
준비한 돼지고기를 넣어 중불에서 2
분 정도 볶다가 배추김치를 넣고 2분 정
도 더 볶는다.

5 볶은 돼지고기와 배추김치에 찌개
국물과 고춧가루를 넣고 센불에 올
려 끓으면 중불로 낮추어 30분 정도 더
끓이다가 두부를 넣는다.

6 소금으로 간을 맞추고 어슷썬 파
와 후춧가루를 넣고 2분 정도 더 끓
인다.

도미면

도미면은 신선한 도미를 포로 떠서 전을 부쳐 넣은 후 고기와 채소를 어울리게 담고
끓는 육수에 국수나 당면을 넣어 먹는 궁중전골이다. 전골은 음식상 옆에 화로를 놓고
그 위에 전골틀을 올려놓고 볶거나 끓이면서 먹는 것을 말한다. 도미면은 도미의 가시를 따로
발라낼 필요도 없고 생선살과 갖가지 재료를 쉽게 먹도록 만든 음식으로 호화롭고 맛이 유별나게 좋아서
의식주 가정백과인 「규합총서(閨閤叢書, 1809년)」에 '춤과 기생 노래보다 더 낫다'라는 의미의
'승기악탕(勝妓樂湯)', '승가악탕(勝歌樂湯)' 이라고 기록되어 있다.

재료 및 분량

도미 1마리(500g), 소금 ⅛작은술(0.8g),
흰 후춧가루 0.1g

육수용

쇠고기(양지머리) 150g, 물 6컵(1.2kg)

양념장①

청장 ½작은술(3g), 참기름 ¼작은술(1g)

쇠고기(우둔) 60g

양념장②

청장 1작은술(6g), 다진 파 1작은술(4.5g),
다진 마늘 ½작은술(2.8g),
후춧가루 0.1g, 참기름 ¼작은술(1g)

완자용

다진 쇠고기(우둔) 20g, 두부 10g

양념장③

간장 ⅓작은술(2g), 다진 파 ½작은술(2.3g),
다진 마늘 ¼작은술(1.4g), 후춧가루 0.1g,
참기름 ½작은술(2g)

표고버섯 2개(10g), 석이버섯 1g,
목이버섯 2g

쑥갓 20g, 홍고추 1개(20g), 당면 40g

호두 2개(10g), 은행 4개(8g),
잣 1작은술(3.5g)

달걀 3개(180g), 미나리 15g,
밀가루 3큰술(21g), 식용유 2큰술(26g)

육수 4컵(800g), 청장 ½큰술(9g),
소금 1작은술(4g)

Tip

- 도미 머리와 뼈는 살짝 쪄서
  사용하기도 한다.
- 도미는 붉은색이 진한 것이
  더 맛이 있다.

만드는 법

1 도미는 비늘을 긁고 깨끗이 씻은 후 양쪽으로 포를 떠서 가로 4cm, 세로 5cm 정도로 저민다. 소금과 흰후춧가루를 뿌려 10분 정도 두었다가 면보로 물기를 닦는다.

2 냄비에 육수용 쇠고기와 물을 붓고 끓으면 중불로 낮추어 30분 정도 끓인다. 육수는 식혀서 면보에 거르고 쇠고기는 편육용으로 썰어 양념 ①로 양념한다. 쇠고기(우둔)는 채 썰어 양념장 ②를 넣고 양념한다.

3 다진 쇠고기는 핏물을 닦고 두부는 면보로 물기를 짜서 곱게 으깨 양념장 ③으로 양념하여 직경 1.5cm 정도로 완자를 빚는다. 완자는 밀가루를 입히고 달걀물을 씌워 달궈진 팬에 식용유를 두르고 중불에서 지진다.

4 표고버섯은 기둥을 떼고 가로 2cm, 세로 4~5cm 크기로 썰고 석이버섯은 곱게 다져 달걀흰자를 넣는다. 목이버섯은 1장씩 떼어 놓고 쑥갓은 다듬어 씻고 홍고추는 길이로 반을 잘라 표고버섯 크기로 썬다. 당면은 1시간 정도 물에 불려 길이 10cm 정도로 자른다.

5 달걀은 황백지단과 석이지단 미나리 초대를 부쳐 표고버섯과 같은 크기로 썬다. 호두는 물에 불려 속껍질을 벗기고 은행은 볶아 속껍질을 벗기고 잣은 고깔을 뗀다. 포 뜬 도미는 밀가루를 입히고 달걀물을 씌운 다음 팬을 달구어 식용유를 두르고 중불에서 지진다.

6 전골냄비에 준비한 편육과 쇠고기·당면을 깔고 그 위에 도미 머리와 뼈를 올린다. 그 위에 도미전과 지단, 채소, 견과류를 색 맞추어 돌려 담고 육수를 부어 센불에 올려 끓으면 청장과 소금으로 간하고 2분 정도 끓인 후 쑥갓을 넣고 불을 끈다.

두부전골

두부전골은 고기소를 넣은 두부와 채소들을 색깔 맞춰 돌려 담고 장국을 부어
끓이면서 먹는 음식으로 단백질이 풍부하고 질감이 부드러워 남녀노소 모두 좋아하는 음식이다.
전골은 원래 궁중 음식에서 전수된 것으로 여러 가지 재료를 함께 넣고
냄비에서 끓이면서 먹는 것이 특징으로 여러 사람과 둘러 앉아 함께 먹는 것을 즐기는
한국 음식 문화와 잘 맞는 음식이다.

육수
쇠고기(양지머리) 300g,
물 6컵(1.2kg)

향채
파 20g, 마늘 10g

쇠고기(우둔) 150g
두부 ½모(250g), 소금 ¼작은술(1g),
녹말 2큰술(16g), 식용유 2큰술(26g)

양념장
간장 ⅔큰술(12g), 설탕 1작은술(4g),
다진 파 1작은술(4.5g),
다진 마늘 ½작은술(2.8g),
깨소금 ½작은술(1g),
후춧가루 ⅛작은술(0.3g),
참기름 1작은술(4g)

표고버섯 2장(10g), 느타리버섯 5개(60g),
물 2컵(400g), 소금 ¼작은술(1g)

미나리 30g, 물 1컵(200g),
소금 ¼작은술(1g)

숙주 100g, 당근 1/6개(30g), 죽순 60g,
호두 2개(10g), 달걀 2개(120g)

청장 ½작은술(3g), 소금 1작은술(4g)

Tip

• 전골은 오래 끓이지 않고 고기가
  살짝 익으면 먹을 수 있다.
• 전골은 국물을 넉넉히 붓고 끓여야
  맛이 있다.
• 전골을 먹다가 국물이 부족하면
  더 부어서 끓인다.

만드는 법

1 냄비에 쇠고기와 물을 붓고 센불
에 올려 끓으면 중불로 낮추어 30분
정도 끓이다가 향채를 넣고 20분 정도 더
끓인 후 면보에 걸러 육수를 만든다.

2 쇠고기(우둔)는 ⅔량은 길이 6cm
로 채 썰고 나머지 ⅓량은 다져서 양
념장을 각각 넣고 무친다. 다진 쇠고기
는 직경 1.5cm 정도의 완자를 빚는다.

3 표고버섯은 가로 1.5cm, 세로
5cm 정도로 썬다. 느타리버섯은 소
금을 넣고 데쳐 찢고 미나리는 소금을 넣
고 데쳐 찬물에 헹군다. 숙주는 다듬어 씻
고 당근은 손질하여 표고 크기로 썰고 죽
순도 빗살 모양을 살려 표고 크기로 썬다.

4 두부는 가로 2cm, 세로 4cm, 두
께 0.5cm 정도로 썰어 소금을 뿌리
고 녹말을 묻혀 팬을 달구어 식용유를
두르고 중불에서 지진다. 완자는 밀가루
를 입히고 달걀물을 씌워 팬을 달구어 식
용유를 두르고 완자를 넣고 지진다.

5 지진 두부에 다진 쇠고기를 얇게
펴 넣고 두부 한쪽을 맞덮어 데친 미
나리로 가운데를 묶는다. 호두는 물에 불
려 속껍질을 벗기고 달걀은 황백지단을 부
쳐 가로 1.5cm, 세로 5cm 정도로 썬다.

6 전골냄비에 두부와 각종 채소들
완자를 색깔 맞춰 돌려 담고 가운데
채썬 쇠고기를 놓고 달걀 노른자를 얹는
다. 육수를 붓고 센불에 올려 끓으면 중불
로 낮춰 15분 정도 끓이다가 청장과 소금
으로 간을 맞추고 잠시 더 끓인다.

버섯전골

버섯전골은 여러 가지 버섯과 채소 등을 넣고 끓인 맑은 전골이다.

깔끔하고 담백한 맛과 버섯의 향이 일품으로 찬바람이 불기 시작하는 가을철에 주로 먹는 음식이다.

예로부터 버섯은 불로장생(不老長生)의 명약으로 불리는 식품으로 약식동원(藥食同源)의 대표적인

식품이며 허준이 쓴 의학서인 「동의보감(東醫寶鑑, 1613년)」에도 여러 가지 버섯의 효능과

약용법이 상세하게 기록되어 있다.

재료 및 분량

느타리버섯 5개(60g),
새송이버섯 3개(120g),
생표고버섯 60g

쇠고기(우둔) 150g

양념장
청장 ½작은술(3g), 설탕 ½작은술(2g),
다진 파 ½작은술(2.3g),
다진 마늘 ¼작은술(1.4g),
깨소금 ½작은술(1g), 후춧가루 0.1g,
참기름 ½작은술(2g)

쪽파 20g, 미나리 50g,
홍고추 1개(20g)

물 5컵(1kg), 청장 1큰술(18g),
소금 1작은술(4g)

Tip

• 전골에 물 대신 육수를 넣어
  끓이기도 한다.
• 버섯전골은 오래 끓이지 않아야
  버섯의 향을 느낄 수 있다.
• 버섯전골에는 모든 버섯을 다
  사용할 수 있다.

만드는 법

1 느타리버섯과 새송이버섯 생표고
버섯은 물에 살짝 씻어 물기를 뺀 후
길이 5cm, 폭·두께 0.5cm 정도로 썬다.

2 쇠고기는 핏물을 닦고 길이 5cm
정도로 채 썰어 양념장을 넣고 조물
조물 무쳐 양념한다.

3 쪽파와 미나리는 깨끗이 다듬어
씻어 물기를 빼고 길이 5cm 정도로
썬다.

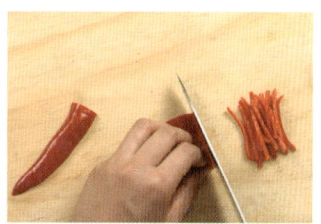

4 홍고추는 씻어 길이로 ½등분하여
속을 떼어 내고 길이 4cm 정도로 채
썬다.

5 전골냄비에 준비한 모든 재료를
색깔 맞춰 돌려 담은 후 물을 붓는다.

6 전골냄비를 센불에 올려 끓으면
중불로 낮추어 10분 정도 끓인 후 청
장과 소금으로 간을 맞추고 잠시 더 끓
인다.

신선로

신선로(神仙爐)는 여러 가지 어육과 채소를 색깔 맞추어 돌려 담고 육수를 부어 끓이면서 먹는 음식이다.

입을 즐겁게 하는 탕 이라 하여 '열구자탕(悅口子湯)'이라고도 하는데,

육류와 채소류 뿐만 아니라 견과류 등 산해진미(山海珍味)의 맛을 한 그릇에서 맛볼 수 있고,

다양한 재료를 사용하므로 영양소를 고르게 섭취할 수 있다.

원래의 '신선로'란 화통이 붙어 있는 특수한 형태의 냄비 즉 화로(火爐)를 가리키며,

먹는 동안에도 식지 않도록 숯불로 계속 온도를 맞추어 준다.

재료 및 분량

육수용

쇠고기(양지머리) 200g,
무 100g, 물 8컵(1.6kg)

양념장 ①

청장 1작은술(6g), 다진 파 ½작은술(2.3g),
다진 마늘 ¼작은술(1.4g)

청장 ½작은술(3g), 소금 ½큰술(6g)

쇠고기(우둔) 100g

완자용

다진 쇠고기(우둔) 50g, 두부 20g

양념장 ②

청장 ½작은술(3g), 다진 파 ½작은술(2.3g),
다진 마늘 ¼작은술(1.4g),
깨소금 ½작은술(1g), 후춧가루 0.1g,
참기름 1작은술(4g)

천엽 30g, 소금 1작은술(4g),
밀가루 3큰술(21g)

간 30g, 우유 ½컵(100g)

등골 50g, 흰살 생선살 50g

소금 1작은술(4g), 후춧가루 ½작은술(1.3g)

불린 해삼 30g, 표고버섯 2장(10g)

당근 ⅛개(30g), 물 2컵(400g),
소금 1작은술(4g)

달걀 4개(240g), 미나리 20g,
밀가루 ½컵(47.5g), 식용유 5큰술(65g)

호두 2개(10g), 은행 4알(8g),
잣 1작은술(3.5g)

Tip

- 재료의 길이는 신선로 틀에 맞추고
  남은 전은 신선로 밑에 깐다.
  최근에는 숯불 대신 고체 알코올을
  사용하기도 한다.

- 육수를 부어가며 끓이면서 먹는다.

만드는 법

1 냄비에 쇠고기와 물을 붓고 센불에 올려 끓으면 중불로 낮추어 끓이다가 무를 넣고 20분 더 끓인다. 쇠고기와 무는 건져 나박썰어 양념장 ①로 양념하고 육수는 면보에 걸러 청장과 소금으로 간을 한다. 쇠고기는 길이 5cm로 채썰어 양념장 ②의 2/3량으로 양념한다. 다진 쇠고기와 두부는 물기를 짜서 곱게 으깨어 한데 섞고 양념장 ②의 1/3량을 넣고 완자를 빚어 밀가루와 달걀을 입혀 팬에 지진다.

2 흰살 생선은 가로 5cm, 세로 6cm 두께 0.3cm 정도로 포를 뜬 후 소금과 후춧가루로 간한다. 불린 해삼은 가로 2cm, 세로 6cm 정도로 자른다. 표고버섯은 물에 불려 기둥을 떼고 물기를 닦아 해삼과 같은 크기로 썬다. 당근은 깨끗이 씻어 가로 2cm, 세로 6cm, 두께 0.4cm 정도로 썰어 끓는 물에 소금을 넣고 데친다.

3 천엽은 소금과 밀가루를 넣고 주물러 씻어 잔칼질을 하고 간은 얇은 막을 벗기고 썰어 우유에 재운다. 등골은 골이 진 곳을 펴서 길이 15cm 정도로 자르고 소금과 후춧가루로 간한다.

4 달걀 황백지단과 미나리 초대를 부쳐 가로 2cm, 세로 6cm 정도로 썬다. 호두는 속껍질을 벗기고 은행은 팬을 달구어 볶아 껍질을 벗긴다. 잣은 고깔을 뗀다.

5 준비한 천엽과 간·등골·흰살생선에 밀가루를 입히고 달걀물을 씌어 팬을 달구어 식용유를 두르고 중불에서 앞뒷면을 지진 후 가로 2cm, 세로 6cm 정도로 썬다.

6 신선로 밑에 양념한 쇠고기와 무·채 썬 쇠고기를 깔고 그 위에 준비한 재료를 색을 맞춰 돌려 담고, 완자·호두·은행·잣을 얹는다. 뜨거운 육수를 붓고 뚜껑을 덮은 다음 화통 안에 숯불을 넣는다.

어복쟁반

어복쟁반(魚腹錚盤)은 둥근 놋쇠쟁반 안에 양지머리 · 우설(혀) · 유통(젖가슴살) 등의 편육과
파 · 은행 · 달걀지단 · 두부 · 버섯 등과 채소류, 메밀국수를 얹고 담백한 쇠고기 육수를 부어
끓여 가면서 먹는 음식이다. 양지머리를 '어복'이라고도 하여 '어복쟁반'이란 이름이 붙었는데
여러 사람이 둘러 앉아 먹는 북쪽 지방의 대표적인 음식이다. 북쪽 지방에는 산이 많고 토양이 척박하며
기온이 낮아 메밀이 많이 생산되고, 살림살이가 넉넉하지 않아 흔히 먹는 소의 살코기가 아닌
다른 부위들을 이용하여 어복쟁반을 만들었다.

도가니 ½개(600g), 우설 200g,
튀하는 물 4컵(800g)

(양지머리) 200g, 물 17컵(3.4kg)

향채
파 50g, 마늘 50g

청장 2½작은술(15g), 소금 ½작은술(2g)

표고버섯 5장(25g), 느타리버섯 150g,
물 2½컵(500g), 소금 ½작은술(2g)

양념
소금 1작은술(4g), 참기름 2작은술(8g)

배 ¼개(125g), 잣 1큰술(10g)

달걀 2개(120g), 삶는 물 5컵(1kg),
소금 1작은술(4g)

메밀국수 100g, 삶는 물 4컵(800g)

양념장
청장 2½큰술(45g),
굵은고춧가루 1작은술(2.2g),
다진 파 1큰술(14g),
다진 마늘 ½큰술(8g), 깨소금 1작은술(2g),
참기름 ½큰술(6g)

Tip

• 어복쟁반은 불에 올려 끓으면서
  먹는 음식이다.
• 메밀국수 대신에 만두나 떡국떡을
  넣기도 한다.

만드는 법

1 　도가니와 우설은 물에 담가 1시간
마다 물을 갈아주면서 3시간 정도 핏
물을 뺀다. 쇠고기는 핏물을 닦고 향채
는 손질하여 깨끗이 씻는다.

2 　냄비에 물을 붓고 센불에서 끓으
면 도가니와 우설을 넣고 5분 정도
튀한 다음 도가니와 우설에 물을 붓고
다시 끓으면 중불로 낮추어 3시간 정도 끓
인다. 쇠고기와 향채를 넣고 1시간 정도
더 끓인다.

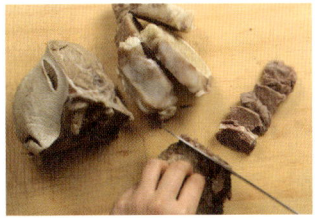

3 　껍질 벗긴 우설과 도가니, 쇠고기
는 건져서 가로 3cm, 세로 4cm, 두
께 0.3cm 정도로 썰어 양념의 ⅓량으로
양념 한다. 국물은 식혀서 걸러 청장과
소금으로 간을 맞추어 장국을 만든다.

4 　냄비에 물을 붓고 센불에서 끓으
면 느타리버섯을 넣고 데친 후 찢
어 나머지 양념 ⅓량을 넣고 양념한다.
표고버섯은 물에 불려 기둥을 떼고 채
썬다.

5 　배는 손질하여 굵게 채 썰고 잣은
고깔을 뗀다. 냄비에 소금과 달걀을
넣고 센불에 올려 끓으면 중불에서 12분
정도 삶아서 물에 담갔다가 껍질을 벗겨
서 4등분한다.

6 　냄비에 물을 붓고 끓으면 메밀국수
를 삶아 건져 찬물에 비벼 씻어서 물
기를 뺀다. 전골냄비에 양념한 편육들과
버섯, 달걀, 배, 잣, 메밀국수를 돌려담고
장국을 부어 끓인다. 양념장과 함께 낸다.

6장

언제나 손쉽게 내어 먹다

밑반찬

시금치나물

시금치나물은 살짝 데친 시금치를 양념하여 만든 음식이다.

시금치는 우리나라 나물 중 푸른색을 대표하는 나물로 조선시대 한자 학습서인

최세진의 「훈몽자회(訓蒙子會, 1527년)」에서 중요한 채소로 '파릉(시금치)'이 나타난 점으로 보아

조선시대 초기부터 재배해서 식재료로 이용한 것으로 보인다.

시금치 400g,
물 15컵(3kg),
소금 1작은술(4g)

양념장
청장 ½작은술(3g), 소금 ½작은술(2g),
다진 파 1작은술(4.5g),
다진 마늘 ½작은술(2.8g),
통깨 ½큰술(3.5g),
참기름 2작은술(8g)

실고추 0.2g

Tip

• 나물을 데쳐서 찬물에 행구어
  너무 꼭 짜면 수분이 없어 맛이
  없으므로 살짝 짠다.
• 시금치는 뿌리가 붉은 포항초가
  달고 맛있다.
• 포항초는 뿌리가 단단하여 다른
  시금치보다 1~2분 더 데친다.
• 파 · 마늘 양념은 곱게 다져서
  사용한다.

만드는 법

1. 시금치는 다듬어 뿌리 쪽에 열십
   자로 칼집을 넣어 흐르는 물에 3~4
   회 깨끗이 씻는다.

2. 냄비에 물을 붓고 센불에서 끓으
   면 소금과 시금치를 넣고 2분 정도
   데쳐서 물에 헹구어 물기를 짠다.

3. 양념장을 만들고 실고추는 길이
   2cm 정도로 자른다.

4. 데친 시금치는 길이 5~6cm로 자
   른다.

5. 시금치에 양념장을 넣는다.

6. 간이 고루 배이도록 무친 다음 실
   고추를 올린다.

버섯나물

버섯나물은 표고버섯 · 팽이버섯 · 느타리버섯 등의 버섯을 볶아서 만든 음식이다.
버섯은 맛과 향기가 독특하여 생으로 볶아 먹거나 튀김 · 장아찌 등으로 다양하게 조리하며
말려 두었다가 불려서 나물로 먹기도 한다.
버섯은 눈을 밝게 하고 신경을 안정시키는 등 다양한 효능이 있어 예로부터 즐겨 먹었다.

느타리버섯 100g,
물 5컵(1kg),
소금 ½작은술(2g)

표고버섯 4장(10g),
목이버섯 5g,
팽이버섯 50g,
양송이버섯 100g

양념장
간장 ½큰술(9g), 소금 1작은술(4g),
설탕 1작은술(4g)

식용유 1큰술(13g),
통깨 1작은술(2g),
참기름 1작은술(4g)

Tip

• 버섯은 너무 오래 물에 불리지
  않는다.
• 버섯나물은 파·마늘을 넣지 않아야
  버섯의 향을 잘 느낄 수 있다.
• 버섯은 오래 가열하지 않아야
  향이 그대로 있다.
• 표고버섯은 기둥을 중심으로 갓이
  너무 활짝 벌어진 것은 향이 없다.

만드는 법

1 느타리버섯은 물에 씻는다. 표고
버섯은 물에 불려 기둥을 떼고 물기
를 닦아 두께 0.5cm 정도로 채 썬다.

2 냄비에 물을 붓고 센불에 올려 끓
으면 소금과 느타리버섯을 넣고 1분
정도 데쳐서 두께 0.5cm 정도로 찢는다.

3 목이버섯은 물에 불려 씻어 1장
씩 떼어 놓고 팽이버섯은 씻어 길이
5cm 정도로 자른다.

4 양송이버섯은 씻어서 껍질을 벗기
고 버섯 모양을 살려 두께 0.5cm 정
도로 썬다. 양념장을 만든다.

5 양념장을 4등분하여 팽이버섯·
느타리버섯·표고버섯·양송이버섯
·목이버섯에 각각 나누어 양념한다.

6 팬을 달구어 식용유를 두르고, 팽
이버섯을 제외한 버섯을 넣고 센불
에서 볶다가 팽이버섯과 통깨 참기름을
넣고 중불로 낮추어 잠시 더 볶는다.

참나물생채

참나물생채는 가열하지 않은 참나물에 양념을 넣고 무친 음식이다.

식물 이름 앞에 '참'이 붙는 것은 진짜라는 의미에서 유래된 것으로 참나물이란 '진정한 나물',

'나물 중의 나물'이라는 뜻에서 붙여진 이름이다.

참나물은 독특한 맛과 향취를 지니고 있어 주로 생채로 먹거나 쌈을 싸 먹는데,

북부 지방에서는 봄철 별미 식품으로 김치를 담가 먹기도 한다.

또한 살짝 데쳐서 무침이나 국거리, 볶음 등으로 먹기도 하고 말려 두었다가 겨울철에 묵은 나물로도 이용한다.

재료 및 분량

참나물 110g

양념장
된장 ½큰술(8.5g),
고추장 1작은술(6g),
다진 파 1큰술(14g),
다진 마늘 1작은술(5.5g),
통깨 1작은술(2g),
참기름 1큰술(13g),
식초 1큰술(15g)

Tip

• 참나물은 먹기 직전에 무쳐야
  숨이 죽지 않는다.
• 참나물은 억세지 않고
  여린 것을 사용한다.
• 참나물은 데쳐서 나물로 무치는
  것보다 생채로 먹는 것이 질기지 않고
  식감이 좋다.

만드는 법

1 참나물은 손질하여 깨끗이 씻어 물기를 뺀다.

2 씻은 참나물은 가지런히 하여 길이 6cm 정도로 썬다.

3 양념장 재료 모두를 한데 넣고 섞어 양념장을 만든다.

4 참나물에 양념장을 고루 뿌린다.

5 참나물과 양념장이 잘 섞이도록 조심스럽게 살살 무친다.

6 그릇에 소담하게 담는다. 숨이 죽지 않게 바로 상에 낸다.

쇠고기 장조림

쇠고기 장조림은 홍두깨살이나 사태, 우둔 부위를 큼직하게 썰어서 간장에 조린 음식으로
결대로 찢거나 얇게 썰어서 먹는다.

간장에 짜게 조린 쇠고기 장조림은 저장해 두면서 밑반찬으로 먹기 적당하다.

1800년대 말까지는 처음부터 고기에 간장을 넣고 삶았는데

그 후에는 물에 넣고 고기가 익은 후에 간장을 넣고 조리는 등 조리법이 다양해졌다.

재료 및 분량

쇠고기(우둔) 200g,
물 3컵(600g)

향채
파 10g, 마늘 20g

장조림 간장
간장 5½큰술(99g),
설탕 2큰술(24g)

마늘 30g,
꽈리고추 50g

Tip

• 쇠고기가 익은 후 간장과 설탕을
  넣어야 고기가 잘 익고 질기지 않다.
• 마늘이나 풋고추 대신에 메추리알
  이나 버섯 종류를 넣어도 좋다.

만드는 법

1 쇠고기는 면보에 핏물을 깨끗이
닦는다.

2 쇠고기는 가로 5cm, 세로 6cm,
두께 5cm 정도로 썬다. 마늘은 손
질하여 깨끗이 씻고, 꽈리고추는 꼭지를
떼고 깨끗이 씻는다.

3 냄비에 쇠고기와 물을 붓고 센불
에 올려 끓으면 중불로 낮추어 향채
를 넣는다. 30분 정도 끓인 후 향채를 꺼
낸다.

4 쇠고기가 익으면 간장과 설탕을
넣고 간장 국물이 절반이 되도록 30
분 정도 더 끓인다.

5 장조림에 마늘을 넣고 10분 정도
끓이다가 꽈리고추를 넣고 3분 정도
더 끓인다.

6 쇠고기는 식혀서 두께 1cm 정도
로 찢어 마늘과 꽈리고추와 함께 그
릇에 담고 장조림 국물을 위에 끼얹는다.

삼색 북어 보푸라기

북어 보푸라기는 북어포를 강판에 갈아 간장·고춧가루·소금으로 간을 하고
색을 들여 만든 음식이다. 옛 조상들은 죽반(粥飯)이라 하여
아침에는 죽, 낮에는 밥을 많이 먹었는데 죽상에 자주 올리는 북어 보푸라기는 맛이 부드러워
이가 약한 노인이나 어린이들에게 좋은 음식이다.

북어포(껍질 벗긴 황태포) 70g(1마리)

소금 양념
소금 ¼작은술(1g), 설탕 1작은술(4g),
깨소금 ½작은술(1g),
참기름 1작은술(4g)

고춧가루 양념
소금 ¼작은술(1g), 설탕 ½작은술(2g),
고운 고춧가루 ¼작은술(0.5g),
깨소금 1작은술(2g),
참기름 1작은술(4g)

간장 양념
간장 ⅔작은술(4g), 설탕 1작은술(4g),
깨소금 1작은술(2g),
참기름 ½작은술(2g)

Tip

• 많은 양의 북어 보푸라기를
  만들 때는 분쇄기에 갈아서 사용
  하기도 한다.
• 죽과 함께 먹는 마른찬이므로
  짜지 않게 한다.
• 삼색 북어 보푸라기를 할 때는
  북어를 촉촉하게 해야 강판에
  갈 때 가루가 되지 않는다.

만드는 법

1 북어포는 머리와 꼬리, 지느러미
를 떼어 내고 물에 축여 뼈와 가시를
떼어 낸다.

2 북어포는 강판에 갈아서 보푸라기
를 만든다.

3 북어 보푸라기는 3등분하여, ⅓량
은 소금 양념을 넣고 손으로 고루 비
벼 무친다.

4 북어 보푸라기 ⅓량은 고춧가루 양
념을 넣고 손으로 고루 비벼 무친다.

5 북어 보푸라기 ⅓량은 간장 양념
을 넣고 손으로 고루 비벼 무친다.

6 삼색으로 양념한 보푸라기를 그릇
에 담는다.

애호박전

애호박전은 애호박을 소금에 살짝 절인 후 밀가루와 달걀을 묻혀 기름에 지진 음식이다.

1800년대 말 조리서인 「시의전서(是議全書)」에 '어린 호박을 얇게 저며서 소금을 뿌려 잠깐 절였다가

가루를 조금 묻혀 번철에 노릇하게 구워 초장을 곁들인다.

또는 호박을 아무 것도 씌우지 않은 민전으로 지지면 맛이 자별하다.'라고 하여

달걀물을 입히는 지금의 애호박전과는 조리법이 다른 것을 알 수 있다.

애호박 1개(300g),
소금 ½작은술(2g)

청고추 ⅓개(5g),
홍고추 ¼개(5g)

밀가루 4큰술(28g),
달걀 2개(120g),
소금 ⅛작은술(0.5g)

식용유 2큰술(26g)

초간장
간장 1큰술(18g), 식초 1큰술(15g),
물 1큰술(15g), 잣가루 1작은술(2g)

Tip

• 애호박전을 지질 때 호박을 썰어
채반에 놓고 소금을 뿌리면
소금물이 아래로 빠져서 전이 잘
지져진다.

• 전을 지질 때 불이 세면 타기 쉽고
약하면 기름을 많이 흡수하므로
불 조절에 주의한다.

만드는 법

1 애호박은 씻어서 두께 0.6cm 정
도로 둥글게 썬다.

2 애호박에 소금을 뿌리고 10분 정
도 절였다가 물기를 닦는다.

3 청·홍고추는 씻어서 길이로 반을
잘라 씨와 속을 떼어 내고 꽃모양으
로 썬다.

4 달걀은 소금을 넣고 풀어 체에 내
리고 애호박은 밀가루를 입힌다.

5 팬을 달구어 식용유를 두르고 애
호박에 달걀물을 씌워 중불에서 앞
뒷면을 지진다.

6 청·홍고추를 올리고 1분 정도
더 지져서 뒤집는다. 초간장과 함께
낸다.

삼합장과

삼합장과(三合漿果)는 바다에서 나는 세 가지 귀한 재료, 홍합 · 전복 · 해삼에
쇠고기를 넣고 양념하여 조린 음식이다.

궁중 음식답게 귀한 재료를 짜게 조려 밥반찬으로 먹었다.

최근에는 재료를 생으로 이용하지만 옛날에는 말린 것을 불려 이용하였다.

말리는 과정 중에 아미노산과 타우린 성분이 증가하여 더 맛있어지기 때문이다.

전복 1개(160g)
불린 해삼 60g, 홍합 100g

물 5컵(1kg)

쇠고기(우둔) 50g

양념장
간장 ½작은술(3g), 설탕 ½작은술(2g),
다진 파 1작은술(4.5g),
다진 마늘 ½작은술(2.8g),
깨소금 1작은술(2g),
참기름 1작은술(4g)

조림장
간장 1½큰술(27g), 꿀 2½큰술(48g),
생강즙 ½작은술(2.8g),
물 ½컵(100g)

참기름 1작은술(4g),
잣가루 1작은술(2g)

Tip

• 해물은 센불에서 오래 조리면
  질겨지므로 중불에서 조린다.
• 삼합장과는 다 익은 후 뚜껑을 열고
  양념국물을 끼얹어가며 조려야
  반질반질 윤기가 난다.

만드는 법

1 전복은 솔로 깨끗이 씻어 숟가락으로 전복살을 떼어낸다.

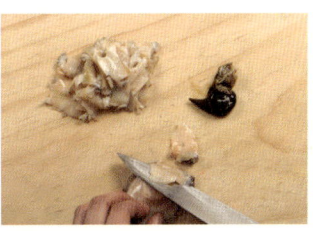

2 전복은 내장을 떼어 내고 전복 모양을 살려 가로 4cm, 세로 3cm, 두께 0.5cm 정도로 저며 썬다.

3 불린 해삼은 씻어서 가로·세로 2.5cm 정도로 썰고 홍합은 수염을 잘라 내고 소금물에 살살 씻는다.

4 쇠고기는 핏물을 닦고 가로·세로 3cm, 두께 0.3cm 정도로 썰어 양념장으로 양념한다.

5 냄비에 데치는 물을 붓고 센불에서 끓으면 전복, 해삼, 홍합을 각각 30초 정도씩 데친다. 냄비에 조림장을 넣고 센불에서 끓으면 중불로 낮추어 7분 정도 끓인다.

6 국물이 자작해지면 쇠고기를 넣고 2분 정도 조리다가 전복과 해삼, 홍합을 넣고 국물을 끼얹어가며 3분 정도 더 조린 다음 참기름을 넣고 고루 섞는다. 그릇에 담고 잣가루를 뿌린다.

오징어젓

오징어젓은 오징어를 잘게 썰어 염장하여 상온에서 숙성시킨 음식이다.

젓갈은 선사시대부터 만들어 온 염장 발효 식품으로 사용하는 재료에 따라 그 종류와 맛이 다양하다.

옛날 법도 있는 집의 마님은 서른여섯 가지의 김치와 장·젓갈을 담글 줄 알아야 했을 만큼

젓갈은 우리 음식의 중요한 부분을 차지했다.

젓갈은 독특한 향으로 인해 외국인들이 기피하는 음식이었으나

풍부한 단백질과 비타민·무기질을 함유한 발효 식품으로서 점차 선호하는 음식이 되었다.

오징어 1마리(500g),
멸치액젓 ⅓컵(65g)

고춧가루 3큰술(21g)

청고추 2개(30g),
홍고추 ½개(10g),
마늘 40g

Tip

• 멸치액젓 대신 소금으로
  절이기도 한다.

• 무를 채 썰어 소금에 절여
  넣기도 한다.

• 손에 소금을 묻혀 오징어 껍질을
  벗기면 잘 벗겨진다.

• 오징어젓갈은 멸치액젓을 넣고
  잘 절여서 담아야 쫄깃하고
  질감이 좋다.

만드는 법

1 오징어는 배를 갈라서 내장과 다
리를 떼어 내고 껍질을 벗긴 후 깨끗
이 씻는다.

2 오징어는 길이 5cm, 폭 0.3cm 정
도로 채 썬다.

3 준비한 오징어에 멸치액젓을 넣고
6시간 정도 절여 간이 들도록 한다.

4 청·홍고추는 씻어서 길이 2cm
두께 0.3cm 정도로 어슷썬다. 마늘
은 깨끗이 씻어서 두께 0.3cm 정도로 저
며 썬다.

5 절인 오징어는 체에 받쳐 오징어
국물을 받아서 고춧가루를 넣고 잘
섞고 오징어를 넣고 고루 버무린다.

6 버무린 오징어에 청·홍고추와 마
늘을 넣어 고루 섞는다. 항아리에 담
고 3~4일 숙성시킨다.

마늘장아찌

마늘장아찌는 통마늘을 식초 또는 간장에 넣고 숙성시켜 만든 음식이다.

장아찌는 계절에 따라 생산되는 여러 가지 재료를 장·젓갈·식초에 넣어 숙성시켜 먹는 반찬이다.

마늘은 단군 신화에도 등장할 만큼 우리 민족과 오래도록 관계가 깊은 향신채로

예로부터 약용 식물로 이용되었다. 허준이 쓴 의학서인 「동의보감(東醫寶鑑, 1613년)」에

마늘이 혈액 순환과 소화 기능을 돕는다고 하였다.

재료 및 분량

통마늘 8통(600g),
물 3컵(600g),
식초 1컵(200g)

양념장

간장 2큰술(36g), 소금 2큰술(24g),
설탕 3큰술(36g)

Tip

• 마늘 위로 양념장이 올라오도록
  무거운 것으로 눌러 놓는다.
• 마늘장아찌를 하얗고 깨끗하게
  할 때 식초와 소금을 넣고 갈색으로
  할 때는 간장과 식초를 넣는다.

만드는 법

1 통마늘은 뿌리와 줄기 부분을 자
른 뒤 껍질을 두겹 정도 벗겨 물에 깨
끗이 씻은 후 채반에 건져 물기를 뺀다.

2 용기에 통마늘을 담고 물과 식초
를 넣어 서늘한 곳에서 10일 정도 삭
힌 다음 체에 걸러 식초물을 받는다.

3 준비한 양념장을 한데 넣고 양념
장을 만든다.

4 삭힌 식초물을 냄비에 붓고 양념
장을 넣어 센불에서 4분 정도 끓여
식혀서 용기에 붓는다.

5 1주일 정도 숙성시킨 후 양념장을
따라 내어 냄비에 붓고 센불에서 5분
정도 끓인 후 식으면 다시 용기에 붓고 1
개월 정도 더 둔다.

6 잘 익은 마늘장아찌는 썰어서 그릇
에 담고 마늘장국물을 끼얹어 낸다.

7장

저장하고 발효하다

김치

배추김치

배추김치는 절인 배추에 무와 채소 · 젓갈 · 고춧가루 등 갖은 양념을 넣고 버무려 발효시킨 김치이다.

남녀노소 누구나 즐겨 먹는 김치는 가장 기본 반찬으로 한국 음식에서 빠지지 않고 올리는

중요한 음식이다. 채소를 오래 저장하기 위한 방법으로 개발된 김치는

옛날 채소가 귀했던 겨울철에 비타민과 무기질을 공급하는 식품이었다.

2001년 국제식품규격위원회 (Codex)에서 국제식품 규격으로 승인 받아

세계적인 음식이 된 김치는 젖산균에 의해 암을 예방하는 식품으로 알려져 있다.

재료 및 분량

배추 2통(4.8kg), 물 20컵(4kg),
굵은 소금 4⅓컵(700g)

무 1개(1kg), 미나리 100g,
실파 200g, 갓 200g, 청각 25g

굴 200g, 물 3컵(600g),
소금 ½작은술(2g)

양념
고춧가루 1⅓컵(130g),
멸치액젓 ½컵(100g), 새우젓 100g,
설탕 1큰술(12g), 파 200g,
다진 마늘 5큰술(80g),
다진 생강 3큰술(36g)

김칫국
물 ½컵(100g), 소금 ½작은술(2g)

Tip

• 배추김치는 담가서 4~5℃에서
  숙성 발효시키는 것이 맛과 영양이
  가장 좋다.
• 생새우나 청각 등을 넣기도 한다.
  여름에는 굴을 넣지 않는다.
• 설 전에 먹는 배추김치는 해산물을
  넉넉히 넣고 설 후에 먹는
  배추김치는 해산물을 넣지 않고
  젓갈만 넣어도 좋다.

만드는 법

1 배추는 길이로 포기의 반만 칼집
을 넣어 손으로 쪼갠다. 굵은 소금의
½량은 물에 녹여 배추를 절이고 나머지
½량은 배추의 줄기 사이에 켜켜이 뿌려
자른 단면이 위로 오게 하여 눌러 4시간
정도 절인 후 뒤집어서 4시간 정도 더 절
인다.

2 절여진 배추는 물에 3~4회 정도
깨끗이 씻어 채반에 건져 엎어서 1시
간 정도 물기를 뺀다. 굴은 소금물에 살
살 씻어 건지고 새우젓의 건더기는 곱게
다진다. 새우젓국물과 멸치액젓에 고춧가
루를 넣어 10분 정도 불린다.

3 파는 손질하여 깨끗이 씻어 길이
5cm 정도로 채 썬다. 무는 손질하여
깨끗이 씻고 5cm 폭 정도로 채 썬다. 미
나리와 실파, 갓, 청각도 손질하여 씻어서
길이 4cm 정도로 자른다.

4 무채에 불려 놓은 고춧가루를 넣
고 잘 버무린 다음 파와 나머지 양념
을 넣고 다시 버무린 후 채소와 굴을 넣
고 가볍게 버무린다.

5 절여 씻어 물기를 뺀 배추잎 사이
사이에 버무려 놓은 김치소를 고루
펴 넣는다.

6 배추겉잎으로 돌려 감고 항아리
에 7~8부 정도 넣은 후 절인 배추우
거지로 김치 위를 덮고 김칫국을 만들어
붓고 꼭꼭 눌러 보관한다.

백김치

백김치는 절인 배추에 고춧가루를 쓰지 않고 여러 가지 양념과 고명을 넣어

깨끗하고 맵지 않게 발효시킨 김치이다. 배추를 소금에 절여 배추 줄기에

무채 · 미나리 · 배 · 밤 · 실고추 · 잣 · 석이버섯 · 표고버섯 · 마늘 · 생강 · 굴 · 새우 · 낙지 등을 켜켜로 속에 넣고

소금물을 부어 익힌 것으로 날씨가 추운 북쪽 지방에서 즐겨 먹는 김치이다.

고춧가루를 사용하지 않기 때문에 오랜 기간 저장할 수는 없으나

매운 음식을 못 먹는 노약자나 외국인이 선호하는 김치이다.

배추 1통(2.4kg), 물 10컵(2kg),
굵은 소금 350g

무 ⅓개(300g), 청갓 25g, 미나리 25g,
실파 30g, 배 ½개(300g), 밤 7개(95g),
대추 3개(12g), 표고버섯 2장(10g),
석이버섯 2g, 잣 1큰술(10g)

마늘 3쪽(15g), 생강 5g, 실고추 2g

조기젓(황석어젓) 50g,
소금 2½작은술(10g)

젓갈 끓인 물
조기젓 뼈 20g, 물 ½ 컵(100g)

백김칫국
물 4½ 컵(900g), 젓갈 끓인물 30g,
소금 1큰술(12g)

Tip

• 배추를 절일 때는 위와 아래를
  2~3회 정도 바꿔 준다.
• 백김치는 오래두고 먹는 김치가
  아니므로 많이 담지 않는다.
• 배추는 너무 큰 것 보다 2kg 전후가
  질기지 않고 맛이 있다.

만드는 법

1 배추는 길이로 포기의 반만 칼집
을 넣어 손으로 쪼개서 굵은 소금의
½량을 물에 녹여 배추를 절이고 나머지
½량은 배추의 줄기 사이에 켜켜이 뿌려
자른 단면이 위로 오게 하여 눌러 8시간
정도 절인다. 절여진 배추는 깨끗이 씻어
채반에 엎어서 1시간 정도 물기를 뺀다.

2 무는 손질하여 깨끗이 씻은 후 길
이 4cm 정도로 채 썰고 청갓과 미나
리, 실파는 손질하여 씻은 후 무와 같은
길이로 썬다. 마늘과 생강은 손질하여 씻
은 후 폭·두께 0.1cm 정도로 채 썰고 실
고추는 길이 2~3cm로 자른다.

3 배와 밤은 껍질을 벗겨 길이 3cm
정도로 채 썰고 대추는 살만 돌려 깎
아 채 썬다. 표고버섯과 석이버섯은 물
에 불려 표고버섯은 기둥을 떼고 채 썰
고 석이버섯은 비벼 씻어 돌기를 떼어내고
채 썬다. 잣은 고깔을 뗀다.

4 조기젓은 포 뜨듯이 살을 저며 다
지고 머리와 뼈는 남겨 놓는다. 냄비
에 물과 조기젓의 머리와 뼈를 넣고 센불
에서 끓으면 약불로 낮추어 15분 정도 끓
이고 체에 걸러 젓갈국물을 만들고 물과
소금을 넣고 섞어서 백김칫국을 만든다.

5 준비한 모든 재료에 저민 조기젓
을 넣고 소금으로 간을 맞추어 백김
치소를 만든다.

6 배춧잎 사이사이에 백김치소를 넣
고 배추 겉으로 돌려 감아 항아리
에 넣는다. 우거지로 위를 눌러 담고 백
김칫국을 붓는다.

보쌈김치

보쌈김치는 절인 배추에 과일·해물·버섯·채소 등 여러 가지 고명을 넣고
배추 잎으로 싸서 만든 김치이다. 보쌈김치는 배추와 무를 나박썰어 절인 후 배·밤·잣 등의 과실과
낙지·굴 등의 해산물, 석이버섯·표고버섯 등의 산해진미를 모두 합하여 버무려서 보시기에 배춧잎을 깔고
하나씩 보자기처럼 싸서 발효시킨 것으로 부재료가 가장 많이 들어간 호화로운 김치이다.
보쌈김치는 보김치라 하여 궁중 김치의 하나로,
옛날에는 개성 지방의 배추가 좋아 개성 지방에서 많이 먹었다.

재료 및 분량

배추 1포기(2.4kg), 물 10컵(2kg),
굵은 소금 350g

무 ¼개(250g), 배 ¼개(125g), 갓 30g,
실파 25g, 미나리 30g, 파 25g

고명

표고버섯 2장(10g), 석이버섯 3g,
밤 2개(30g), 대추 3개(12g), 실고추 2g,
잣 1큰술(10g)

새우젓 25g, 조기젓(황석어젓) 25g,
물 1컵(200g)

굴 50g, 물 1½컵(300g),
소금 ¼작은술(1g), 낙지 80g,
소금 ¼작은술(1g)

양념

고춧가루 4큰술(28g),
다진 마늘 2큰술(32g),
다진 생강 1큰술(12g), 설탕 ½작은술(2g),
소금 1큰술(12g)

Tip

• 김치 보시기에 배추 잎을 깔고
배추 줄기를 3cm 길이로 썰어
담고 사이사이에 소를 넣어
만들기도 한다.

• 보쌈김치는 여러 해산물이 들어가서
오래 두고 먹으면 김치가 물러지므로
적당량을 담는다.

만드는 법

1 배추는 길이로 포기의 반만 칼집을
넣고 손으로 쪼갠다음 굵은소금 ⅓량
을 켜켜이 넣고 물에 굵은소금의 ⅓량을
녹여 배추가 떠오르지 않게 눌러 8시간 정
도 절인다. 절인 배추는 헹구어 물기를 뺀
다음 배추 잎은 잘라 두고 줄기와 무는 가
로·세로 2.5cm, 두께 0.3cm로 썬다.

2 배는 껍질을 벗겨 무와 같은 크기
로 썬다. 갓과 실파·미나리는 손질
하여 깨끗이 씻은 후 각각 길이 3cm 정
도로 썰고 파는 길이 3cm, 폭 0.3cm 정도
로 채 썬다.

3 표고버섯과 석이버섯은 물에 불려
깨끗이 씻어 0.3cm 정도로 채 썬다.
밤은 껍질을 벗겨 저며 썰고 대추는 돌
려 깎아 표고버섯과 같은 크기로 채 썬다.
실고추는 2cm 정도로 자르고 잣은 고깔
을 뗀다.

4 새우젓은 건더기만 곱게 다진다.
조기젓은 살을 저며 놓고 냄비에 물
과 조기젓의 머리와 뼈를 넣고 중불에
올려 5분 정도 끓여 체에 밭쳐 젓갈 끓인
물을 만든다. 굴은 소금물에 씻어 건지고
낙지는 소금에 주물러 씻어 길이 3cm 정
도로 썬다.

5 썰어 놓은 배추와 무에 고춧가루
를 넣고 버무린 다음 나머지 양념을
넣어 고루 섞는다. 준비한 재료를 넣고
고루 버무린 후 해물 ⅔량을 넣고 가볍게
섞는다.

6 김치보시기에 배추 잎을 3~4장
정도 펴놓고 버무린 김치를 소복하
게 담은 후 남은 해물과 고명을 얹어 배
추 잎으로 덮어 오무린다. 항아리에 김치
를 담고 조기젓 달인 국물을 붓는다.

총각김치

총각(總角)김치는 잎이 붙어 있는 어린 무를 잎과 줄기째 절인 후 양념에 버무려 담근 음식이다.
옛날 중국과 우리나라에서 아이들이 머리를 양쪽으로 갈라 뿔 모양으로 동여맨 것을 '총각(總角)'이라 하여
이러한 머리를 한 사람을 '총각'이라 불렀다. 따라서 총각김치의 어린 무가 총각의 머리 모양을 닮았다 하여
총각무가 되었고, 그것으로 담근 김치가 총각김치라는 이름으로 불리게 되었다고 한다.
김치를 담글 때 쓰는 어린 무를 '총각(總角)무'라 하므로 '총각김치'라는 이름이 붙었다는 설도 있다.

총각무 2.6kg,
물 2컵(400g),
굵은 소금 1컵(160g)

쪽파 200g

양념
멸치액젓 ¼컵(50g), 새우젓 40g,
고춧가루 ¾컵(70g),
다진 마늘 3큰술(48g),
다진 생강 ½큰술(6g),
설탕 2½큰술(30g),
소금 ½큰술(6g)

찹쌀풀
물 1컵(200g),
찹쌀가루 2큰술(12g)

Tip

• 갓과 쪽파를 절여서 총각무와
  같이 몇 줄기씩 묶어서 항아리에
  담기도 한다.

• 마른 홍고추를 불려 갈아서
  사용하기도 한다.

• 총각김치는 너무 오래 절이면
  무가 질겨 맛이 없으므로 절이는
  시간을 유의한다.

만드는 법

1 총각무는 잔뿌리를 떼어 내고 잘 다듬어 손질하고 깨끗이 씻는다.

2 굵은 소금의 ½량은 물에 녹여 총 각무를 절이고 나머지는 총각무 사 이에 켜켜이 뿌려 3시간 정도 절인 다음 물에 헹구어 물기를 뺀다.

3 쪽파는 손질하여 깨끗이 씻은 후 길이 4cm 정도로 썰고, 새우젓 건더 기는 곱게 다져 나머지 양념 재료를 넣 고 양념을 만든다.

4 냄비에 물과 찹쌀가루를 넣고 풀 어서 센불에 5분 정도 저으면서 끓여 식혀 찹쌀풀을 만든 후 양념을 넣어 고 루 섞는다.

5 절인 총각무에 양념과 쪽파를 넣 고 버무린 다음 잎을 돌려 감는다.

6 만든 총각김치를 항아리에 넣고 꼭꼭 눌러 담는다.

깍두기

깍두기는 무를 깍둑썰기하여 고춧가루·새우젓·파·마늘·생강 다진 것을 넣고 버무려
발효시킨 김치이다. 깍두기는 식생활 상식서인 「조선요리학, 1940년」에 보면
조선 정종의 사위인 영명위(永明尉) 홍현주(洪顯周)의 부인이 임금에게 처음으로 깍두기를 담가 올려
칭찬을 받은 데서 유래되었다고 한다. 깍뚝썰기한 무를 삶아서 담근 숙(熟)깍두기는 부드러워
치아가 약한 노인에게 좋으며 무를 네모 반듯하게 썰어 담근 정(正)깍두기는 태교용 깍두기로 임신부가
아기가 반듯하게 자라기를 바라는 마음으로 먹었다고 한다.

무 1½개(1.5kg),
소금 1½큰술(18g),
설탕 ½큰술(6g)

쪽파 100g,
미나리 100g,
고춧가루 6큰술(42g),
새우젓 60g

다진 마늘 1½큰술(24g),
다진 생강 2작은술(8g),
소금 ½큰술(6g)

Tip

• 가을 무는 무 자체에 단맛이
  있으므로 버무릴 때 설탕을
  넣지 않으며, 봄 무로 담글 때는
  설탕을 조금 넣는다.

• 금방 먹을 깍두기에 굴을 넣고
  담그면 국물이 시원하고 맛있다.

• 가을 무는 단단하고 맛이 좋아
  소금에 절이지 않고 바로 양념해서
  만들기도 한다.

만드는 법

1 무는 손질하여 깨끗이 씻은 후 껍질을 벗겨 가로·세로·두께 2.5cm 정도로 썬다.

2 썰어 놓은 무에 소금과 설탕을 넣어 30분 정도 절인 후 체에 밭쳐 10분 정도 물기를 뺀다.

3 쪽파와 미나리는 다듬어 깨끗이 씻은 후 길이 3cm 정도로 썬다. 새우젓의 건더기는 곱게 다진다.

4 절인 무에 고춧가루를 넣고 고루 버무려 빨갛게 물들인다.

5 새우젓과 다진 마늘, 다진 생강, 소금을 넣고 버무린 후 쪽파와 미나리를 넣어 가볍게 버무린다.

6 잘 버무린 깍두기는 항아리에 담고 꼭꼭 눌러 놓는다.

나박김치

나박김치는 무와 배추를 나박썰어 소금에 절여 양념하고 고춧가루로 색을 들인 양념 국물을 부어
발효시킨 김치이다. 나박나박 썰어 담은 김치라 하여 붙여진 이름으로 봄에 많이 담가 먹는 대표적인 물김치이다.

전통조리서인 「조선무쌍신식요리제법 (朝鮮無雙新式料理製法, 1943년)」에 '무를 썰되
반듯반듯하고 얇게 썰기로 하여 소금에 절인 후에 실고추와 움파와 미나리를 길게 잘라 넣고
마늘을 곱게 채 썰어 넣고 무절인 물에 맹물을 타서 간을 맞게 하여 많이 붓고 익힌다.
무순이 있으면 좋으니 넣고 나중에 실백을 띄운다.'고 기록되어 있다.

만드는 법

1 배추와 무는 깨끗이 다듬어 씻어 가로 2.5cm, 세로 3cm, 두께 0.3cm 정도로 나박썬다.

2 배추에 소금을 넣고 5분 정도 절이다가 무를 넣고 5분 정도 더 절여 체에 밭치고 절인 소금물은 받아둔다.

3 배추와 무절인 소금물에 끓여 식힌 물과 소금, 설탕을 더 넣고 고춧가루를 면주머니에 넣어 주물러서 김칫국물을 만든다.

4 실파와 미나리는 손질하여 깨끗이 씻은 후 길이 3cm 정도로 썰고 마늘과 생강은 씻어 채 썬다. 홍고추는 길이로 반을 잘라 씨와 속을 떼어 내고 길이 3cm 정도로 채 썬다.

5 절인 배추와 무에 실파와 마늘, 생강, 홍고추를 넣고 버무린다.

6 항아리에 담고 김칫국을 붓는다. 김치가 익으면 미나리와 잣을 띄운다.

장김치

장(醬)김치는 간장에 절인 배추와 무를 여러 가지 부재료와 섞어
간장으로 양념하여 담그는 물김치이다.
젓갈과 고춧가루를 쓰지 않았으며 간장의 깊은 향과 달콤한 맛이 별미로
귀한 재료가 많이 들어가서 주로 궁중에서 먹었던 김치이다.
주안상이나 교잣상 등에 올리며 설이나 추석에 주로 담근다.

배추 200g,
무 1/6개(180g),
간장 5큰술(90g)

밤 4개(60g),
미나리 30g,
파 30g,
표고버섯 2장(10g),
석이버섯 3g

마늘 10g,
생강 5g,
실고추 1g,
잣 ½큰술(5g),
배 60g

김칫국
끓여 식힌 물 5컵(1kg),
설탕 ½ 큰술(6g), 소금 1⅓큰술(16g)

Tip

• 장김치는 배추 겉잎은 떼어 내고
  속줄기만 사용한다.
• 장김치는 국물이 짜지 않게
  담궈야 한다.
• 국물의 간장색이
  너무 진하지 않게 한다.

만드는 법

1 배추와 무는 손질하여 씻은 후 가
로 2.5cm, 세로 3cm, 두께 0.3cm
정도로 썬다.

2 배추에 간장을 넣고 30분 정도 절
이다가 무를 넣어 30분 정도 더 절인
다음 간장물을 따라 낸다.

3 밤은 껍질을 벗겨 두께 0.3cm 정
도로 썰고 미나리 줄기는 길이 3cm
정도로 자르고 파는 길이 3cm 정도로 채
썬다. 표고버섯과 석이버섯은 물에 불려
표고버섯은 길이 3cm 정도로 채 썰고 석
이버섯은 깨끗이 손질하여 채 썬다.

4 마늘과 생강은 손질하여 씻은 후
길이 3cm 정도로 채 썬다. 실고추는
길이 2cm 정도로 자르고 잣은 고깔을 떼
고 면보로 닦는다. 배는 껍질을 벗기고 가
로 2.5cm, 세로 3cm, 두께 0.3cm 정도로
썬다.

5 절여진 배추와 무에 밤과 미나리,
파, 표고버섯, 석이버섯, 마늘, 생강,
실고추, 배, 잣을 넣고 버무려 항아리에
담는다.

6 따라낸 간장물 ½량에 끓여 식힌
물과 설탕·소금으로 간을 맞추어
김칫국을 만들어 항아리에 붓는다.

오이소박이

오이소박이는 오이에 칼집을 넣고 절인 후 부추를 잘게 썰어
갖은 양념에 버무려 오이 속에 넣고 발효시킨 김치이다.
오이소박이는 오이가 제철인 여름에 너무 익지 않게 해서 먹는다.
옛날에 반가나 궁중에서는 다소 지저분해 보인다 하여 오이소박이에 부추를 넣지 않았다고 하며
파 · 마늘 · 고추를 채쳐서 넣기도 하고 오이 길이가 길면 허리를 파로 동여매서 담기도 하였다.

재료 및 분량

오이(백오이) 3개(600g),
물 2컵(400g),
굵은 소금 1½큰술(19.5g)

부추 50g

양념
새우젓 1큰술(15g),
고춧가루 2큰술(14g),
소금 1작은술(4g), 다진 파 2큰술(28g),
다진 마늘 1큰술(16g),
다진 생강 1작은술(4g)

오이소박이 국물
물 3큰술(45g), 소금 ¼작은술(1g)

Tip

• 오이소박이는 조선오이 백다다기로
  담아야 맛이 있다.
• 소박이용 오이는 곧고 어린 것이
  적당하다.
• 오이소박이는 소금에 충분히
  절여야 아삭하고 물러지지 않는다.

만드는 법

1 오이는 소금으로 깨끗이 비벼 씻
은 후 길이 6cm 정도로 잘라 양 끝을
1cm 정도 남기고 길이로 3~4군데 칼집
을 넣는다.

2 오이는 소금물에 2시간 정도 절여
체에 밭쳐 물기를 뺀다.

3 부추는 씻어 길이 0.5cm 정도로
썰고 새우젓의 건더기는 곱게 다져
나머지 양념 재료를 넣고 양념을 만든다.

4 썰어 놓은 부추에 양념을 넣고 고
루 버무려 오이소박이 소를 만든다.

5 절여 물기를 뺀 오이의 칼집 속에
양념한 소를 채워 넣는다.

6 항아리에 오이소박이를 담고 버무
린 그릇에 물과 소금을 넣어 오이소
박이국물을 만들어 항아리에 붓는다.

8장

눈으로 먹고 맛으로 먹다

한식 디저트

호박떡

호박떡은 멥쌀가루에 찐 호박 과육과 소금 · 설탕을 넣고 찐 떡이다.

떡은 역사가 깊은 한국의 곡물 요리로 초기 주식으로 사용하다가 밥이 주식이 되면서

명절이나 생일 때 먹는 특별 음식이 되었다.

떡은 마음을 전하는 정표로 주고 받기도 했는데, 특별한 날 떡을 만들어 이웃과 나누어 먹기도 했다.

멥쌀가루에 찐 호박뿐 아니라 다른 재료를 넣을 수도 있다.

콩을 넣으면 콩떡, 팥을 넣으면 팥떡이 된다.

재료 및 분량

멥쌀가루 5컵(500g),
소금 ½큰술(6g)

단호박 1/6개(250g)
설탕 ⅔컵(100g)

찌는 물
10컵(2kg)

고명
대추 2개(8g), 호박씨 16개(3g)

Tip

• 단호박 껍질을 편으로 썰어서
  설탕에 졸인 후 떡 위에 장식으로
  올리기도 한다.

• 단호박은 쪄서 바로 노란 과육을
  긁어내야 색이 곱다.

• 노란색을 내려면 치자 물을
  조금 섞어도 좋다.

만드는 법

1 멥쌀가루에 소금을 넣고 체에 내린다.

2 단호박은 씨와 속을 긁어낸 뒤 찜기에 물을 붓고 센불에 올려 끓으면 단호박을 넣고 15분 정도 쪄서 과육을 긁어낸다.

3 멥쌀가루에 찐 단호박과 설탕을 넣고 고루 섞는다.

4 고루 섞은 쌀가루를 체에 내린다.

5 찜기에 물을 붓고 센불에 올려 끓으면 젖은 면보를 깔고 스테인리스 떡틀을 놓고 쌀가루를 넣고 수평으로 한 다음 가로·세로 5cm로 칼집을 넣는다.

6 대추를 돌려 깎아 꽃모양을 만들고 호박씨는 칼집 넣은 쌀가루 위에 올려놓고 찜기에 물이 끓으면 15분 정도 찐다.

송편

송편(松片)은 쌀가루를 익반죽하여 콩 · 깨 · 밤 등 다양한 재료를 소로 넣고 반달 모양으로 빚어 찐 떡이다.

우리나라 최대 명절인 추석 때 먹는 한국의 대표 떡으로 추석 전날 밤 온 가족들이 모여 송편을 빚는데

송편을 예쁘게 빚으면 예쁜 딸을 낳는다고 하여 송편 빚기에 정성을 다했다.

떡을 찔 때 솔잎을 켜켜이 넣고 찌기 때문에 송편에 솔 향이 자욱하게 배어들어 방부 효과가 있으며

은은한 향기와 함께 다양한 재료의 맛이 한데 어우러져 맛이 좋다.

재료 및 분량

멥쌀가루 5컵(500g),
소금 ½큰술(5g),
끓는 물 200g~210g

송편색

쑥물 : 쑥가루 2.5g,
치자 물 7g : 치자 2g, 물 2큰술(25g),
딸기가루 물 9g : 딸기가루 1g, 물 8g,
계핏가루 1g

소

풋콩 50g, 소금 ¼ 작은술(1g),
통깨 30g, 꿀 ½큰술(9.5g),
설탕 1큰술(12g), 소금 ⅛작은술(0.5g),
거피팥 30g, 소금 ¼작은술(1g),
꿀 ⅔큰술(14g), 핏가루 0.6g

솔잎 300g, 찌는 물 10컵(2kg),
참기름 1큰술(13g)

Tip

• 송편 반죽은 마르지 않게 젖은
  면보로 덮어 놓고 빚는다.
• 송편 반죽은 익반죽하여 많이
  주물러 치대야 반죽의 몸이 곱고
  쫄깃하다.
• 송편 반죽은 너무 되면 송편이
  단단해지므로 반죽의 수분량을
  알맞게 한다.
• 솔잎을 깔고 송편을 찌면
  달라붙지도 않고 솔잎의 향이
  은은하다.

만드는 법

1 치자는 우려서 치자 물을 만들고 딸기가루는 물에 넣고 섞어 딸기가루물을 만든다. 멥쌀가루에 소금을 넣고 체에 내린 후 5등분하여 각각의 색을 넣고 고루 비벼 체에 내린다.

2 거피팥은 깨끗이 씻어 일어서 물에 8시간 정도 불려 거피한 후 물에 헹구어 체에 밭쳐 물기를 뺀다. 김 오른 찜기에 젖은 면보를 깔고 40분 정도 찐다.

3 쪄진 팥은 꺼내어 소금을 넣고 찧어 체에 내린 후 꿀과 계핏가루를 섞는다. 풋콩은 소금을 넣고 통깨는 반 정도 으깨어지게 빻아 꿀과 설탕·소금을 넣고 고루 섞는다.

4 각각의 색을 들인 멥쌀가루는 끓는 물로 익반죽하여 오래 치댄다. 각각의 쌀가루 반죽을 15g씩 떼어 소를 넣고 오므려 송편 모양을 만든다. 솔잎은 씻어 체에 밭쳐 물기를 빼 놓는다.

5 찜기에 물을 붓고 센불에 올려 끓으면 젖은 면보를 깔고 솔잎을 고루 펴서 송편을 가지런히 놓는다. 다시 솔잎과 송편을 켜켜로 얹고 20분 정도 찐다.

6 쪄진 떡에 찬물을 끼얹고 솔잎을 떼어 낸 후 참기름을 바르고 그릇에 담아 낸다.

약식

약식(藥食)은 찹쌀밥에 꿀과 간장·대추·밤·잣 등을 넣고 찐 음식이다.

약식은 약밥(藥飯)이라고도 하는데 달콤한 맛으로 인해 누구나 좋아하는 음식이다.

약식의 유래는 고려시대 일연 스님이 쓴 「삼국유사(三國遺事, 1281년)」에 '신라 21대 소지왕(재위 479~500년)이

정월 대보름날(上元日)에 까마귀의 도움으로 목숨을 구하게 되자, 이 날을 까마귀 제삿날로 삼아

은혜를 갚고자 찰밥을 검게 만들어 까마귀에게 먹였는데 이 풍습이 전해져 정월 대보름의 시식(時食) 뿐만 아니라

제물로도 쓰여 왔으며 이웃과 나누는 정표로도 나누어 먹었다.'고 기록되어 있다.

재료 및 분량

찹쌀 1½컵(270g),
찹쌀 찌는 물 8컵(1.6kg)

소금물
물 3큰술(45g),
소금 ½작은술(2g)

밤 3개(45g), 대추 5개(20g),
잣 1작은술(3.5g)

대추씨 끓여 거른 물
대추씨 5개, 물 1컵(200g)

약식 양념
간장 2½작은술(15g),
약식 소스 2큰술(32g),
황설탕 3큰술(36g),
계핏가루 ¼작은술(0.5g),
대추씨 끓여 거른 물 ½작은술(6.5g),
꿀 2큰술(38g), 설탕 2큰술(24g),
참기름 ½큰술(6.5g)

약식 소스
설탕 2큰술(24g), 식용유 1작은술(4g),
녹말 ¼작은술(2g), 물 3큰술(45g)

찌는 물 10컵(2kg)

Tip

- 약식이 맛있으려면 밥알이 푹
  무르면서도 질지 않고 고슬고슬
  하게 쪄야 한다.
- 약식을 만들 때 찜기에 찌는 것보다
  끓는 물에 중탕으로 찌면 갈색이
  더 진해지고 맛과 향이 좋아진다.
- 옛날에는 여성의 밥그릇인 바리에
  담아 냈다.

만드는 법

1 찹쌀은 깨끗이 씻어서 물에 3시간 정도 불린 후 체에 밭쳐 물기를 뺀다. 찜기에 김이 오르면 젖은 면보를 깔고 찹쌀을 넣어 센불에 20분 정도 쪄서 소금물을 훌훌 끼얹고 나무주걱으로 고루 섞어 40분 정도 더 찐다.

2 대추는 면보로 닦고 살만 돌려 깎아서 6등분하고 밤은 껍질을 깨끗이 벗기고 6등분한다. 잣은 고깔을 떼고 면보로 닦는다.

3 냄비에 설탕을 넣고 중불에 올려 설탕이 녹으면 식용유를 두른다. 설탕이 녹아 갈색이 되면 녹말물을 넣고 잘 저어 약식 소스를 만든다. 대추씨는 물을 넣고 중불에서 끓여 거른다.

4 찐 찹쌀밥이 뜨거울 때 간장과 약식소스, 황설탕, 계핏가루, 대추씨 거른 물, 꿀, 설탕, 참기름을 넣어 고루 섞어 양념하고 손질한 대추와 밤, 잣을 넣고 잘 섞는다.

5 양념한 약식에 준비한 밤과 대추, 잣 등의 고명을 넣고 골고루 잘 섞는다.

6 찜기에 약식을 넣고 중탕으로 센불에서 9분, 중불로 낮추어서 20분 정도 찐 다음 주걱으로 고루 섞고 약불로 낮추어 30분 정도 더 찐 후에 한번 더 고루 섞어 주고 30분 정도 더 찐다.

증편

증편은 쌀가루를 술로 반죽하여 부풀게 한 다음 둥근 증편틀에 담고
대추 · 밤 · 잣 · 석이버섯 등을 고명으로 얹어 찐 떡이다.
술을 사용하므로 빨리 쉬지 않아서 여름철에 만들어 먹으면 좋은 떡으로 약간의 술 냄새와
새콤한 맛, 그리고 부드러운 감촉이 특징이다.
1600년대 조리서인 「음식디미방」에서도 증편의 기록을 볼 수 있는데
예로부터 여름이면 널리 즐겨 먹었던 떡이다.

재료 및 분량

멥쌀가루 2½컵(250g),
소금 ¼큰술(3g)

고명
막걸리 50g,
미지근한 물(40℃) ½컵(100g),
생이스트 5g, 설탕 ¼컵(40g)

노랑색 반죽
치자 물 1.5g : 치자 2g,
물 ½큰술(7.5g)

분홍색 반죽
딸기가루물 2g : 딸기가루 3g,
물 ½큰술(7.5g)

찌는 물 10컵(2kg),
식용유 1큰술(13g)

Tip

• 증편에 쓰이는 멥쌀가루는 입자가
  고울수록 좋으며 반죽의 정도는
  된죽 정도가 좋다.
• 쑥가루를 넣어서 초록색의 증편을
  만들 수 있고 오색의 증편을 만들 수
  있다.

만드는 법

1 멥쌀가루에 막걸리와 미지근한 물과 생이스트, 소금, 설탕을 넣고 나무주걱으로 고루 저은 다음 그릇에 담아 랩으로 덮어 전기장판에 올려 온도가 40~45℃ 유지되도록 하여 2시간 정도 1차 발효시킨다.

2 1차 발효가 되어 반죽이 부풀어 오르면 고루 저어 공기를 빼고 전기장판에 올려 다시 1시간 정도 두고 2차 발효를 시킨다.

3 대추는 돌려 깎은 후 꽃모양을 만들고 석이버섯은 물에 불려 비벼 씻어서 돌기를 떼고 폭 0.1cm 정도로 채썰고 잣은 고깔을 떼고 면보로 닦아 길이로 반을 잘라 비늘잣을 만든다.

4 치자는 우려서 치자 물을 만들고 딸기가루는 물에 섞어 딸기가루물을 만든다. 2차 발효된 반죽을 3등분하여 흰색은 그대로 나머지 반죽은 치자 물과 딸기가루물을 각각 넣어 고루 섞는다.

5 증편틀에 식용유를 바르고 반죽을 틀의 ⅔ 정도로 담아서 대추와 석이채, 잣, 호박씨 등의 고명을 올려 장식한다.

6 찜기에 물을 붓고 센불에 올려 김이 오르면 불을 끄고 증편틀을 넣어 10분 정도 3차 발효를 시킨다. 반죽이 부풀어 오르면 센불에서 20분 정도 찐 후 약불에서 10분 정도 뜸을 들인다.

오색경단

경단(瓊團)은 찹쌀가루를 익반죽하여 동글게 만들어 끓는 물에 삶아 여러 가지 고물을 묻힌 떡이다.

동글동글한 모양이 구슬과 같다고 하여 경단이라고 하는데

겉에 묻히는 고물에 따라 팥경단·깨경단·밤경단 등으로 부르기도 하며

재료에 따라 색과 맛을 다양하게 할 수 있다. 특히 차수수경단은 귀신이 싫어하는 붉은색이어서

아이의 무병장수를 기원하는 백일상이나 돌상에 올려 악귀가 접근하지 못하도록 하였다.

찹쌀가루 5컵(500g),
소금 1작은술(4g),
끓는 물 8큰술(120g)

오색고물
노란 콩가루 ¼컵(20g),
푸른 콩가루 ¼컵(20g),
검은깨가루 ¼컵(20g),
거피팥 1/5컵(28g), 소금 ⅛작은술(0.5g),
설탕 1작은술(4g), 붉은팥 1/5컵(27g),
데치는 물 1컵(200g),
삶는 물 2컵(400g),
소금 ⅛작은술(0.5g),
설탕 1작은술(4g)

삶는 물 10컵(2kg)

Tip

• 시판되는 팥고물이나 빵가루를
  사용하기도 한다.
• 찹쌀가루와 멥쌀가루를 4 : 1 비율로
  섞어서 만들기도 한다.
• 경단을 삶을 때 너무 오래 삶으면
  풀어지기 쉬우니 삶는 시간에
  유의한다.

만드는 법

1 거피팥은 물에 8시간 정도 불려 비벼 씻어 껍질을 벗기고 일어서 물기를 뺀다. 김 오른 찜통에 거피팥을 40분 정도 찐 후 소금을 넣고 체에 내려 설탕을 넣어 고물을 만든다. 노란콩가루, 푸른콩가루, 검은깨가루를 준비한다.

2 붉은팥은 씻어 일어 체에 밭쳐 물기를 뺀다. 냄비에 붉은팥과 데치는 물을 붓고 센불에서 끓으면 팥물을 따라 버리고 다시 삶는 물을 붓고 중불에서 20분 정도 끓이다가 약불로 낮추어 25분 정도 삶아 뜸을 들인다.

3 삶은 팥은 소금을 넣고 찧어 체에 내린 다음 설탕을 넣고 팥고물을 만든다.

4 찹쌀가루에 소금을 넣고 끓는 물로 익반죽하여 직경 2cm, 12~13g 정도로 동그랗게 만든다.

5 냄비에 삶는 물을 붓고 센불에서 끓으면 경단을 넣고 삶는다. 경단이 떠오르면 20~30초 두었다가 건져서 물에 헹군 뒤 물기를 뺀다.

6 삶아 물기를 뺀 경단을 5등분으로 나누고 각각 오색 고물을 묻힌다.

약과

약과(藥果)는 밀가루에 참기름과 꿀·술 등을 넣고 반죽하여 약과 판에 박거나 밀어서

네모지게 잘라 기름에 튀겨 내어 즙청에 담가 낸 한과이다.

우리나라 과자 중 가장 고급스러운 과자로 명절·잔치·제사 등에 빠지지 않는 음식으로

지금까지도 즐겨 먹는 한과이다. 약과는 이미 고려시대 때 널리 유행하여

왕족과 귀족, 그리고 사원과 민가에서 널리 즐겨 먹었는데 약과를 만드느라 물가가 올라

민생이 어려워져서 1192년과 1353년에는 약과 제조 금지령이 내리기도 하였다.

밀가루(중력분) 1½컵(151g),
참기름 2큰술(26g)

약과 양념
꿀 2큰술(38g),
청주 2큰술(30g), 소금 ¼작은술(1g),
생강즙 ½큰술(8g), 후춧가루 0.1g,
계핏가루 ¼작은술(0.5g)

즙청
꿀 1컵(300g),
계핏가루 ¼작은술(0.5g)

고명
잣 1큰술(10g), 호박씨 2g,
대추 2개(8g)

식용유 4컵(680g)

Tip

- 약과 반죽을 너무 오래 치대면
  밀가루 단백질 글루텐이 생겨서
  딱딱하므로 접듯이 밀어 만든다.
- 특히 약과는 튀길 때 기름의 온도에
  주의해야 한다.
- 처음에 낮은 온도의 기름에 넣어
  튀길 때 자꾸 뒤집어 주지 않는다.
- 즙청에 유자청을 넣기도 한다.

만드는 법

1 밀가루를 체에 내려 참기름을 넣고 고루 비벼서 다시 체에 내린다. 약과 양념을 만들어 밀가루에 넣고 고루 섞어 뭉치듯이 가볍게 반죽한다.

2 반죽을 밀대로 밀어 펴서 한 번 접고 다시 밀어 펴기를 4번 정도 반복한 다음 두께 0.5cm 정도로 밀고 가로·세로 3.5cm 정도로 잘라 젓가락으로 5~6군데 구멍을 낸다.

3 팬에 식용유를 붓고 중불에 올려 기름 온도가 85~90℃가 되면 약과 반죽을 넣고 15분 정도 튀긴다.

4 약과가 기름 위로 모두 떠오르면 센불로 올려 140~145℃ 정도가 되면 앞뒷면이 갈색이 되도록 10분 정도 더 튀긴다.

5 튀겨진 약과를 체에 받쳐 5~10분 정도 기름을 빼고 즙청에 넣고 5~6시간 정도 두었다가 체에 건져 2시간 정도 받쳐 놓는다.

6 약과에 잣과 호박씨, 대추꽃을 고명으로 올려 장식한다.

매작과

매작과(梅雀果)는 밀가루에 소금 · 생강즙을 넣고 반죽한 다음 얇게 밀어 썰어서

칼집을 넣고 칼집 사이로 양 끝을 넣고 뒤집어서 기름에 튀겨 낸 후 꿀이나 설탕 시럽을 묻혀

잣가루와 계핏가루를 뿌려 만든 한과이다.

매작과(梅雀果)는 그 모양이 '마치 매화나무에 참새가 앉은 모습과 같다'하여 붙여진 이름으로

고려시대(918~1392년)에 꿀과 참기름의 소비가 너무 많아 민생이 어려워지자

꿀과 참기름을 넣지 않고 만들 수 있는 한과로 매작과가 생겨났다고 한다.

흰색 반죽
밀가루 ⅔컵(70g),
소금 0.5g, 생강즙 2큰술(30g)

분홍색 반죽
밀가루 ¼컵(25g),
소금 0.2g, 딸기가루 ¼작은술(1g),
생강즙 1큰술(15g)

쑥색 반죽
밀가루 ¼컵(25g),
소금 0.2g, 쑥가루 ½작은술(1g),
생강즙 1큰술(15g)

노랑색 반죽
밀가루 ¼컵(25g),
소금 0.2g, 치자 물 2g(치자 2g+물 30g),
생강즙 ⅔큰술(10g)

식용유 5컵(1kg)

시럽
설탕 ½컵(80g), 물 ½컵(100g),
잣가루 1큰술(6g)

Tip

- 각각의 반죽을 면보에 싸서 20분
  정도 숙성시켜야 매작과가 곱게
  만들어진다.
- 시럽은 설탕과 물의 비율을 1:1로
  하고 약한불에서 젓지 말고 설탕을
  녹여서 ½ 정도로 졸인다.
- 전통 매작과는 흰색으로만 만들며
  타래과라고도 한다.

만드는 법

1 각각의 밀가루에 소금을 넣고 체
에 내린다. 흰색 반죽 밀가루에 생강
즙을 넣어 반죽하고 나머지 각각의 밀가
루에 딸기가루, 쑥가루, 치자 물을 넣고
고루 섞은 후 생강즙을 넣고 반죽한다.

2 팬에 설탕과 물을 붓고 약불에서
15분 정도 끓여 매작과 시럽을 만들
어 식힌다.

3 흰색 반죽은 3등분하여 밀대로
두께 0.2cm 정도로 밀고 나머지 삼
색 반죽은 각각 민다. 흰색 반죽에 각
의 색을 들인 반죽을 마주 붙인 다음 두께
0.2cm 정도가 되도록 다시 한번 민다.

4 밀어 놓은 반죽은 가로 2cm, 세로
4cm 크기로 자르고 중심에 칼집을
길이 2cm 정도로 넣고 다시 양쪽으로 칼
집을 길이 1㎝ 정도로 넣어 내천(川)자로
만든다. 가운데 칼집 사이로 한쪽 끝을 집
어 넣고 뒤집는다.

5 팬에 식용유를 붓고 중불에 올려
90℃가 되면 만들어 놓은 매작과를
넣고 떠오르면, 130℃로 올려 튀긴 후
체에 건져서 기름을 뺀다.

6 기름을 뺀 매작과가 식으면 시럽
에 넣고 즙청한 후 체에 건져서 그릇
에 담고 잣가루를 뿌린다.

잣박산

잣박산(柏子餅)은 잣을 볶아 엿과 꿀을 섞어 굳힌 과자이다.

잣은 옛날부터 인삼과 함께 우리나라의 특산물로서 한과나 떡·국수에 이용하기도 하며,

음식의 고명으로 이용하는 등 다양하게 사용해왔다.

잣은 허준이 쓴 의약서 「동의보감(東醫寶鑑, 1613년)」에 '해송자(海松子)'라 하여 기운을 돋운다고 하였으며

중국의 약학서인 「본초강목(本草綱目, 1596년)」에 '해동송자(海東松子, 동쪽 나라의 잣)'

'신라송자(新羅松子, 신라 잣)'라고 하여 우리나라의 잣이 약효가 높은 것으로 기록되어 있다.

재료 및 분량

잣 1컵(120g)

시럽

물엿 1½큰술(28.5g),
설탕 1큰술(12g),
물 1작은술(5g)

고명

대추, 석이버섯

식용유 ½작은술(2g)

Tip

• 시럽이 되직하게 조려 졌을 때
　잣을 넣어야 바삭하게 된다.

• 대량으로 할 때는 미리 고명을 뿌려
　밀대로 밀고 썬다.

• 겨울에는 설탕 양을 줄이기도 한다.

만드는 법

1 잣은 고깔을 떼고 면보로 깨끗이
　닦는다.

2 팬에 물엿과 설탕·물을 넣고 중
　불에서 1~2분 정도 끓여 잣박산 시
　럽을 만든다.

3 시럽에 잣을 넣고 주걱으로 고루
　버무려가며 1~2분 정도 실이 나도
　록 조린다.

4 도마 위에 식용유를 바르고 강정
　틀을 놓고 조린 잣을 펼쳐 놓는다.

5 펼친 잣을 밀대로 빈곳없이 꽉 채
　워 넣고 두께 0.5cm 정도로 고르게
　민다.

6 잣박산이 어느 정도 굳으면 가로
　2cm, 세로 3cm 정도로 썰고 대추와
　석이버섯채를 얹는다.

다식

다식(茶食)은 볶은 곡식의 가루나 한약재 · 꽃가루 등을 꿀로 반죽하여 뭉쳐서 다식판에 넣고

새 · 꽃 · 한자 등 다양한 문양이 나오게 박아 낸 한과이다.

다식은 원재료의 고유한 맛과 꿀의 단맛이 잘 조화된 것이 특징으로

주로 차를 마실 때 함께 먹는 과자라 하여 붙여진 이름이다.

다식은 검은색 · 노란색 · 푸른색 · 분홍색 · 흰색 등 오색의 다양한 색깔로

만들 수 있으며 혼례상이나 회갑상 · 제사상 등 의례상에 높게 쌓는 음식에 사용되기도 하였다.

파란 콩가루 20g, 꿀 13g,
노란 콩가루 20g, 꿀 13g,

검은깨가루 25g, 꿀 9g,
송홧가루 10g, 꿀 13g,

녹두녹말 25g, 꿀 13g,
녹두(동부)녹말 25g, 꿀 11g

딸기가루물
딸기가루 3g,
물 ½큰술(7.5g),
식용유 1큰술(13g)

Tip

• 다식은 각 재료가 지닌 수분 정도에
 따라 들어가는 꿀의 양이 다르며
 질지 않게 되직하게 반죽한다.

• 전통적인 방법으로 오미자물
 (오미자:물=1:2)을 우려서
 분홍색 다식을 만들기도 한다.

• 흑임자 가루는 빻아서 찜기에 쪄서
 말렸다가 다시 찌기를 3번 정도
 반복하면 기름이 나와서 검게 되고
 윤기가 난다.

만드는 법

1 물에 딸기가루를 넣고 섞어서 분
 홍색 딸기가루물을 만든다.

2 녹두녹말 ½량에 딸기가루물을 넣
 고 고루 비벼 체에 내린 다음 꿀의
 ½량을 넣고 반죽한다. 녹두녹말 ½량을
 남은 꿀로 반죽한다.

3 파란 콩가루와 노란 콩가루·검은
 깨가루·송홧가루·녹두녹말에 각
 각의 꿀을 넣는다.

4 꿀을 넣은 다식가루를 손으로 꼭
 꼭 뭉쳐 각각의 다식 반죽을 한다.

5 다식판에 식용유를 바르고 각각의
 다식 반죽을 떼어 동그랗게 뭉쳐 넣
 는다.

6 다식 반죽을 넣고 엄지 손가락으
 로 꼭꼭 눌러 박아 낸다.

오미자편

오미자편(五味子片)은 오미자 국물에 녹두녹말과 설탕을 넣고 섞어 묵처럼 졸여 만든 한과이다.
오미자편은 모양과 빛깔이 아름답고 촉감이 부드러우며 달콤하고 새콤한 맛이 특징이다.
오미자(五味子)는 다섯 가지 맛이 난다고 하여 붙여진 이름인데, 껍질은 시고 달고, 씨는 맵고 쓰며,
전체는 짠맛이 있다. 한방에서 오미자의 다섯 가지 맛은 각각 다르게 몸에 작용하는데 신맛은 간을 보호하고
쓴맛은 심장을 보호하며 단맛은 비위를 좋게 하고 매운맛은 폐를 보하며
짠맛은 신장과 자궁의 기능을 좋게 한다고 한다.

재료 및 분량

오미자 ⅛컵(33g),
끓여 식힌 물(생수) 2컵(400g),
녹두(동부)녹말 3큰술(24g)

설탕 3⅔큰술(44g),
소금 ¼작은술(1g)

밤 8개

Tip

• 오미자는 가을에 서리 맞아 열매가
 붉은 것이 색이 곱고 맛이 있다.
• 오미자편을 조릴 때는 묵 쑤듯이
 조린다.
• 오미자편을 담을 때 밤이나 과일을
 썰어 그 위에 오미자편을 올려
 내기도 한다.

만드는 법

1 오미자는 티를 고르고 가볍게 씻
어 건진다.

2 오미자에 끓여 식힌 물이나 생수
를 붓고 12시간 정도 둔다.

3 잘 우려진 오미자 국물을 면보에
걸러 오미자편 국물을 만든다. 오미
자국물 ¼에 녹두녹말을 푼다.

4 오미자국물 ¾컵에 설탕과 소금을
넣고 중불에서 5분 정도 끓이다가 풀
어 놓은 녹두녹말물을 부어 저으면서 약
불에서 5분 정도 더 끓인다.

5 걸죽하게 뚝뚝 떨어지는 농도가
되면 약불에서 뜸을 들이고 네모진
그릇에 부어 굳힌다.

6 오미자편이 굳으면 가로 3cm, 세
로 4cm, 높이 1.5cm 정도로 썰어 생
율 위에 올린다.

식혜

식혜(食醢)는 엿기름물에 밥을 삭혀 만든 음청류다.

차게 해서 추운 겨울철에 먹는 식혜는 독특한 단맛으로 인해 현재까지도 한국인이 좋아하는 음료 중 하나이다.

식생활 상식서인 「조선요리학(朝鮮料理學, 1940년)」에 '외관으로도 미술학적이고

그 담백한 맛은 중국의 일등 품질의 차라도 과연 우리의 식혜만은 못할 줄로 생각한다.

식혜를 늘 먹으면 소화가 잘 되며 체증이 없어지고 혈액을 잘 순환시키고

마음의 상쾌한 기분이 자연히 생기는 음식이다'라고 예찬하였다.

엿기름가루 1컵(115g),
미지근한 물 12컵(2.4kg)

멥쌀 2컵(360g),
물 2⅓컵(480g)

설탕 1컵(160g),
잣 1큰술(10g)

Tip

• 보온 밥통에 밥과 엿기름물을 넣고
약간의 설탕을 넣는 것은 밥알을
빨리 삭히기 위함이다.

• 식혜의 밥알이 너무 많이 떴을 때
건지면 식혜가 시어질 수 있다.

• 설탕을 넣고 식혜 물을 끓일 때
떠오르는 거품을 걷어 내야
식혜 물이 맑다.

만드는 법

1 엿기름가루에 미지근한 물을 붓고
30분 정도 불린다. 잣은 고깔을 떼어
내고 면보로 닦는다.

2 불린 엿기름은 주물러서 체에 걸
러 건더기는 짜서 버리고 엿기름물
은 가라앉힌다. 앙금이 가라앉으면 맑은
윗물만 따라 내어 엿기름물을 준비한다.

3 냄비에 불린 멥쌀과 물을 붓고 센
불에서 끓으면 4분간 더 끓이다가 중
불로 낮추어 3분 정도 더 끓이고 쌀알이
퍼지면 약불로 낮추어 10분 정도 뜸을 들
인다.

4 보온 밥솥 60~65℃에 밥과 엿기
름물, 설탕 ⅓컵을 넣고 4시간 정도
보온을 해놓고 밥알을 삭힌다.

5 밥알이 7~8개 정도 떠오르면 체에
밥알을 건지고 식혜 물은 받아둔다.

6 밥알은 물에 헹구어 건진다. 식혜
물에 나머지 설탕을 넣고 센불에 올
려 설탕이 완전히 녹을 때까지 끓인다.

수정과

수정과(水正果)는 계피와 생강을 달인 물에 설탕을 타서 차게 식힌 후

곶감과 잣 등의 건지를 띄운 음청류이다. 물에 담근 과자라는 뜻으로

수정과라는 이름이 붙었는데, 한겨울에 뜨거운 온돌방에 앉아 차게 마시는 겨울 음료로

꿀과 같이 달고 얼음처럼 차게 마셔야 제 맛이 난다.

수정과는 시원하고 생강향이 도는 향긋한 국물과 말랑말랑하면서 달콤한 곶감이 맛을 좌우한다.

조선시대 궁중 연회에 올랐던 수정과는 지금도 일상적으로 먹는 음청류이다.

재료 및 분량

생강 200g,
물 10컵(2kg),
통계피 120g,
물 10컵(2kg)

황설탕 1컵(150g),
설탕 1½컵(213g)

곶감 5개(200g),
호두 10개(50g)

잣 5g

Tip

• 통계피를 너무 오래 끓이면
  쓴맛이 난다.

• 생강과 통계피를 같이 끓이는
  방법도 있으나 각각 끓여 걸러서
  혼합해야 각각의 향과 맛을
  살릴 수 있다.

• 전통적인 방법은 수정과 물에
  곶감을 넣는 것으로, 수정과 국물의
  향을 좋게 한다.

만드는 법

1 생강은 씻어 껍질을 벗겨 두께 0.3cm 정도로 썬다. 통계피는 2등분 하여 깨끗이 씻는다. 잣은 고깔을 떼고 면보로 닦는다.

2 냄비에 생강과 물을 붓고 센불에서 끓으면 중불로 낮추어 1시간 정도 끓여 면보에 거른다.

3 냄비에 통계피와 물을 붓고 센불에서 끓으면 중불로 낮추어 1시간 정도 끓여 면보에 거른다.

4 곶감은 꼭지를 떼고 한 쪽에 칼집을 넣어 넓게 편다. 곶감 가운데에 껍질 벗긴 호두를 놓고 돌돌 말아 김발로 꼭 싸서 곶감쌈을 만들고 폭 1cm 정도로 자른다.

5 냄비에 끓인 생강물과 계피물을 붓고 황설탕과 설탕을 넣어 센불에 올려 끓으면 중불로 낮추어 10분 정도 끓인다.

6 수정과가 식으면 그릇에 담고 준비한 곶감쌈과 잣을 띄운다.

매실차

매실차는 매실을 설탕이나 꿀에 재워 매실청을 만든 후 찬물이나 끓는 물에 타서 먹는 음청류이다.

매실차는 시원하게 먹는 여름 음료로 사과산·구연산·호박산·주석산 등의 유기산이 많이 들어 있어

여름철 피로 회복에 좋고 입맛을 돋우며 소화를 촉진시켜, 입맛을 잃기 쉬운 여름철에 시원하게 먹으면 매우 좋다.

의식주 가정백과서인 「규합총서(閨閤叢書, 1809년)」를 보면 궁중에서 먹었던 제호탕 대신

매실차로 갈증을 푼 것으로 보인다.

매실 500g,
설탕 500g,
잣 2작은술(7g)

끓여 식힌 물 10¾컵(2.16kg)

Tip

- 매실의 꼭지는 꼭 떼어 내고
  사용해야 한다.
- 청매실보다 홍매실이 더 달고
  향이 좋다.
- 매실을 숙성 시킬 때는 서늘한
  곳에서 보관한다.
- 매실차는 따뜻하게 마시기도 한다.
- 매실액은 냉장 보관하면 오랜 기간
  저장할 수 있다.

만드는 법

1 매실은 흠집이 있거나 벌레 먹은
것은 골라내고 깨끗이 씻어 채반에
받쳐 물기를 뺀다.

2 용기에 매실과 설탕을 켜켜로 담
고 맨 위에는 매실이 보이지 않도록
설탕을 충분히 덮는다.

3 매실이 쪼글쪼글해지도록 3개월
이상 밀봉해 둔다.

4 매실과 매실액을 체에 걸러 매실
액만 용기에 담는다.

5 매실액에 물을 붓고 고루 섞어 매
실차를 만든다.

6 매실차를 찻잔에 담아서 잣을 띄
운다.

인삼차

인삼차(人蔘茶)는 향과 맛이 진한 미삼(尾蔘)을 끓여 만든 음청류이다.

원기가 부족할 때 자주 먹으면 좋은 차로 옛날 중국에서 사신이 오면 인삼차로 대접을 했다.

사람의 형상을 닮았다 하여 인삼(人蔘)이라 하는데 예로부터 한국의 대표적인 특산물이었다.

인삼의 사포닌은 암을 예방하는 것으로 알려져 있는데 세계 각국의 인삼 중 우리나라 인삼이

사포닌수가 가장 많고 효능이 우수한 것으로 알려져 있다.

재료 및 분량

인삼(수삼) 100g,
대추 10개(40g)

물 7컵(1.4kg),
잣 1작은술(3.5g),
꿀 2큰술(38g)

Tip

• 인삼차는 인삼의 뇌두를 잘라내고
  사용한다.
• 기호에 따라 인삼이나 꿀을
  더 넣기도 한다.

만드는 법

1 인삼은 깨끗이 씻어 물기를 뺀 다음 뇌두를 자른다.

2 대추는 면보로 닦는다. 잣은 고깔을 떼고 면보로 닦는다.

3 냄비에 물을 붓고 인삼과 대추를 넣는다.

4 처음에는 센불에 올려 끓인다.

5 약불로 낮추어 1시간 정도 더 끓인 다음 체에 거른다.

6 인삼차에 꿀을 넣고 고루 섞은 후 찻잔에 담고 잣을 띄운다.

오미자화채

오미자화채(五味子花菜)는 오미자를 우려 낸 과즙에 꿀이나 설탕을 넣고
배를 모양내어 띄워 낸 음료이다. 오미자화채는 차게 해서 먹는 대표적인 여름 음료로
빛깔이 아름답고 여러 가지 맛이 잘 조화되어 깔끔하고 신선한 느낌을 준다.
오미자는 주석산·사과산 등의 유기산이 많아 피로 회복과 갈증 해소에 좋아
지치기 쉬운 여름철에 좋은 식품이다.
또한 폐의 기능을 돕고 땀과 설사를 멈추는 작용을 한다.

재료 및 분량

오미자⅛컵(20g),
끓여 식힌 물(생수) 2컵(400g)

설탕 3큰술(36g),
꿀 2큰술(38g),
배 ¼개(125g),
잣 1작은술(3.5g)

Tip

• 가을에 서리 맞고 빨갛게
  열매 맺은 오미자가 색도 좋고
  맛이 좋다.
• 계절에 따라 다른 과일 조각을
  띄워도 좋다.

만드는 법

1 오미자는 티를 고르고 가볍게 씻어 체에 밭쳐 물기를 뺀다.

2 오미자에 끓여 식힌 물이나 생수를 붓고 12시간 정도 둔다.

3 잘 우려진 오미자 물을 면보에 걸러 오미자국물을 만든다.

4 오미자국물에 설탕과 꿀을 넣어 화채국물을 만든다.

5 배는 껍질을 벗겨서 두께 0.2㎝ 정도로 썰고 배꽃 모양으로 만든다. 잣은 고깔을 떼고 면보로 닦는다.

6 그릇에 화채국물을 담고 배와 잣을 띄워 낸다.

참고 문헌

강인희, 한국의 맛, 대한교과서주식회사, 1987

강인희, 한국식생활사, 삼영사, 1990

염초애 · 장명숙 · 윤숙자, 한국음식, 효일문화사, 1992

강인희, 한국인의 보양식, 대한교과서주식회사, 1992

강인희, 한국의 떡과 과즐, 대한교과서주식회사, 1997

강인희, 한국의 상차림, 효일출판사, 1999

김상보, 조선왕조 궁중의궤음식문화, 수학사, 1996

대한영양사회, 급식관리지도서 3차개정판, 2000

문화관광부, 한국전통음식, 2000

배영희 · 양동호, 단체급식관리와 조리실습 워크북, 교문사, 2005

승정자 외 5인, 칼로리 핸드북, 교문사, 2005

유네스코아시아 · 태평양 국제이해교육원, 맛있는 국제이해교육, 일조각, 2007

윤서석, 식생활문화의 역사, 신광출판사, 1999

윤서석, 한국음식, 수학사, 2002

윤숙자, 한국의 저장 발효음식, 신광출판사, 1997

윤숙자, 한국의 떡 · 한과 · 음청류, 지구문화사, 1998

윤숙자, 한국의 시절음식, 지구문화사, 2000

이성우, 한국식품문화사, 교문사, 1984

이성우, 한국식품사회사, 교문사, 1984

이성우, 한국요리문화사, 교문사, 1985

이춘자 · 김귀영 · 박혜원 · 배병석, 통과의례음식, 주식회사 대원사, 1998

이효지, 한국의 음식문화, 신광출판사, 1998

이효지, 한국음식의 맛과 멋, 신광출판사, 2005

정동효 외 5인, 식품의 맛과 과학, 신광문화사, 2003

정해옥, 한국음식의 이해, 교학연구사, 2000

정해옥, 한국음식과 문화, 문지사, 2002

조경련 외 4인, Flow chart로 배우는 실험조리, 교문사, 2004

조재선 · 황선연, 식품재료학, 문운당, 1984

조후종, 우리음식이야기, 한림출판사, 2001

한국문화재보호재단, 한국음식대관 1~6, 한림출판사, 1997

한국영양학회, 한국인 영양섭취기준 제 7개정판, 한국영양학회, 2005

한복려, 밥, 뿌리깊은나무, 1991

한복려, 조선왕조궁중음식, 궁중음식연구원, 2003

현영희 외 3인, 식품재료학, 형설출판사, 2000

한영실, 한국음식으로의 초대, 숙명여대 출판부, 2005

황재희 · 박정은, 식품재료학, 효일출판사, 2005

황혜성, 한국의 전통음식, 교문사, 2000